DEUX BRETONS

PAR

XAVIER DE MONTÉPIN

3

PARIS
ALEXANDRE CADOT ÉDITEUR
37, rue Serpente.

1857

DEUX BRETONS

Ouvrages du marquis de Foudras.

Un amour de vieillard.	3 vol.
Les veillées de Saint-Hubert	2 vol.
Aventures de M. le Baron tomes 3, 4 et derniers).	2 vol.
Un Grand Comédien	3 vol.
Un Drame en famille	5 vol.
Suzanne d'Estouville in-18 (for. Charp.).	2 vol.
Le Chevalier d'Estagnol	6 vol.
Diane et Vénus.	4 vol.
Madeleine repentante.	4 vol.
Un Caprice de grande dame. (for. Charp.)	3 vol.
Un Capitaine de Beauvoisis.	4 vol.
Jacques de Brancion.	5 vol.
Les Gentilshommes chasseurs	2 vol.
Les Viveurs d'autrefois.	4 vol.
Madame de Miremont.	2 vol.
Lord Algernon (suite de *Mad. de Miremont*).	4 vol.
Le Capitaine Lacurée.	4 vol.
La comtesse Alfinzi.	2 vol.
Tristan de Beauregard (in-18 for. Chap.)	1 vol.
Les Hommes des Bois	2 vol.
Le beau Favori	3 vol.
Le bonhomme Maurevert	2 vol.

Ouvrages de G. de la Landelle.

Le Château de Noirac.	2 vol.
L'Honneur de la Famille.	2 vol.
Les Princes d'Ebène.	5 vol.
Falkar-le-Rouge (suite aux *Princes d'Ébène*).	5 vol.
Le Morne aux Serpents.	2 vol.
Les Iles de Glace.	4 vol.
Une Haine à bord.	2 vol.
L'Eau et le Feu.	2 vol.
Les deux Routes de la Vie	4 vol.
La meilleure part.	4 vol.

Ouvrages d'Adrien Robert.

Lord (le) de l'Amirauté.	5 vol.
Le Mauvais Monde.	2 vol.
Jean qui pleure et Jean qui rit	2 vol.
Les Amours mortels.	2 vol.
Les Diables roses	4 vol.

Fontainebleau, imp. de E. Jacquin.

DEUX
BRETONS

PAR

XAVIER DE MONTÉPIN

3

PARIS
ALEXANDRE CADOT, ÉDITEUR
37, rue Serpente

1857

TROISIÈME PARTIE

(suite).

NICOLE

(suite).

VI

Paul et Nicole.

Paul atteignit le Croisic — il se jeta dans le canot du passeur Mathias — il débarqua à la pointe du Ranz, et, cotoyant les dunes, il s'achemina d'un pas rapide vers le hameau de Piriac.

Durant ce long trajet, un objet unique occupait et absorbait sa pensée.

Cet objet — avons-nous besoin de le dire? — c'était la blonde pêcheuse de crevettes — la descendante en ligne directe de ces belles et lascives prêtresses samnites qui célébraient jadis autour de la *Pierre-Longue* — (gigantesque et grossier *phallus*) — les fêtes voluptueuses du dieu Hirmen.

Paul croyait, et cette croyance — nous l'affirmons — était aussi sincère que naïve, — Paul croyait qu'il ne s'occupait de l'orpheline que pour la plaindre.

Mais nous, — nous qui connaissons trop le cœur humain pour nous rendre complice de la moindre illusion à cet égard — nous voyons dans la préoccupation du jeune homme les premiers symptômes d'un naissant amour — amour qui ne devait pas tarder à se révéler.

Pendant tout le reste de la journée, et jusqu'au soir, l'esprit de Paul erra sur les grèves du Croisic, y cherchant la frêle et gracieuse image de Nicole.

La nuit vint, et, avec la nuit, le sommeil, et, avec le sommeil des rêves dans lesquels Nicole apparut, souriante et pâle, au chevet du lit de Paul.

Le lendemain matin, aussitôt après déjeûner, le jeune homme reprit le chemin du Croisic et courut au monticule de la chapelle de Saint-Goustan.

La pêcheuse de crevettes était là, comme la veille — mais elle ne tenait plus son filet à la main — elle ne marchait point dans les petites lames de la marée montante.

Elle ne pêchait pas.

Rêveuse, et les regards tournés vers le ciel, elle était assise sur un fragment de rocher, dans une attitude à la fois simple et poétique — on eut dit une Velleda déchue, songeant à ses dieux foudroyés.

Que se passait-il donc en ce moment dans le cœur, dans l'esprit, dans la pensée de la jeune fille?

Un plus habile que nous saurait l'expliquer, sans doute, dans une magistrale analyse...

Nous ne pouvons que le deviner.

Un bruit léger se fit entendre derrière Nicole.

Elle tourna la tête à demi et vit Paul qui se dirigeait rapidement de son côté.

La teinte pâle de ses joues disparut aussitôt pour faire place à une pourpre brûlante.

Elle se leva vivement, et d'un mouvement instinctif et irréfléchi, comme pour s'élancer au devant du nouveau venu.

Mais elle domina ce premier élan et

elle demeura debout, immobile, muette, les yeux baissés.

Nous ne ferons point assister nos lecteurs à l'entrevue des deux jeunes gens, non plus qu'à toutes les entrevues qui succédèrent à celle-là et qui furent nombreuses, car, chaque jour, Paul revint au Croisic, et chaque jour aussi il se réunit avec Nicole en un rendez-vous tacitement convenu d'avance.

Le cimetière abandonné de Saint-Goustan était le lieu choisi pour ces causeries quotidiennes, qui bien vite, on le comprend, devinrent des causeries d'amour.

Cet amour — ingénu d'abord, et chaste, et s'ignorant presque lui-même, — suivit sa marche naturelle et progressive.

Ce fut Paul qui, le premier, comprit d'une façon à peu près claire, ce qui se passait en son âme.

On se souvient des versets de Genèse et de l'anecdote allégorique du fruit défendu qui d'une race d'élus que nous devions être, a fait de nous une population de mécréants et de réprouvés...

A peine la jeune Ève, toute palpitante de désirs mal éveillés, eut-elle enfoncé ses blanches dents dans la pulpe savoureuse de ce fruit de perdition que lui présentait messire Satan, le serpent séducteur, ce trisaïeul de tous les don Juan de l'avenir, qu'elle s'écria :

— Ah ! que c'est bon et que j'ai de plaisir à croquer cet excellent fruit !...

Puis elle courut à son mari et lui dit avec un sourire, et peut-être avec un baiser :

— Adam!... cher Adam!... voici le fruit de l'arbre de science! il est exquis!... rien n'égale les jouissances qu'il procure et que je veux te voir partager!... — tu vas éprouver, en y goûtant, des sensations inconnues et délicieuses... — Vois, j'ai mordu... — Mors après moi, et, si tu m'aimes, partage mon ivresse. . . . . . .

. . . .

Ce qui se passa sous les ombrages de l'Éden pour nos premiers parents se renouvella sur les grèves du Croisic.

Seulement, à la chapelle Saint-Goustan, ce fut Paul qui joua le rôle d'Ève.

A peine éclairé, il éclaira Nicole et lui dévoila la cause encore inconnue des battements de son jeune cœur.

Cette science nouvelle, cette révélation inattendue étonnèrent d'abord, puis charmèrent bien vite la jeune fille dont l'innocence était absolue et l'âme aussi vierge que le corps.

Nicole ne pouvait réfléchir, la pauvre enfant, aux conséquences forcément fatales de cette inclination disproportionnée.

Elle s'abandonnait avec un bonheur exempt de toute inquiétude aux charmes dévorants de la tendresse que lui témoignait Paul, et qui se montrait si chaste, si fraternelle, si peu exigeante, — car le jeune homme ne demandait rien, et la main de Nicole, abandonnée un instant dans les siennes et furtivement appuyée contre ses lèvres, semblait suffire pour le rendre heureux.

Mais à mesure que s'écoulaient les jours et que se succédaient les entrevues, la passion de Paul — car son naissant amour avait pris, bel et bien, tous les caractères d'une passion — la passion de Paul, disons-nous, se dépouillait de son caractère exclusivement platonique et devenait plus ambitieuse et plus exigeante.

Souvent, — cédant aux soudains entraînements d'un irrésistible transport, — il prenait la jeune fille entre ses bras — il l'appuyait contre son cœur, malgré sa résistance pleine de trouble et presque de frayeur — et il couvrait d'ardents baisers ses joues, ses cheveux, ses yeux fermés — parfois aussi ses lèvres.

Nicole échappait à ces étreintes toute pâle et toute frissonnante… — elle se sentait émue, énervée — elle était en proie à une bizarre et indéfinissable inquiétude du corps et de l'âme.

Cette inquiétude, c'était la voix de l'instinctive pudeur de Nicole, qui, malgré sa complète inexpérience de toutes choses, pressentait vaguement un danger de plus en plus prochain, de plus en plus inévitable, et qui criait à l'enfant de prendre garde.

Peu à peu, en effet, la situation se modifia.

Les désirs jusqu'alo rs comprimés du jeune homme grandirent et le dominèrent d'une façon absolue — sa raison accepta sans conteste la joyeuse royauté de ses sens — il résolut de devenir, à tout prix, l'amant de Nicole.

Un jour — et ce jour était la veille du départ du baron de Piriac pour Paris — Paul supplia Nicole de lui donner un rendez-vous, non plus en plein jour, sur la plage, ou derrière les mûrs croulants du vieux cimetière — mais chez elle, la nuit — et de le recevoir dans sa maisonnette du Lénigo, à l'heure où tout le monde serait endormi au Croisic, excepté les douaniers de service faisant sur le port et sur la jetée leur ronde monotone.

Nicole, toujours mise en garde par cet instinct bizarre qui ne la trompait point, refusa nettement.

Paul insista.

Nicole s'ancra dans son refus.

Paul pria — supplia — conjura à genoux.

Nicole se montra inflexible.

Le jeune homme irrité, non moins que surpris de cette résistance imprévue et invraisemblable contre laquelle ses désirs et ses espérances venaient se briser, se mit dans une violente colère et il accusa Nicole de ne le pus aimer.

A ces accusations injustes, la pauvre enfant ne pouvait répondre et ne répondit en effet que par ses larmes.

La vue de cette muette et profonde douleur ne désarma point Paul dont l'irritation, bien loin de se calmer, augmentait de minute en minute...

Des reproches il passa aux menaces.

— Eh bien! — s'écria-t-il, — puisqu'il en est ainsi, — puisque vous n'avez que crainte et défiance à m'offrir en échange de ma tendresse, j'étoufferai cette tendresse méconnue... — A mes prières ardentes vous opposez des refus glacés!...

— je cesserai de prier!... — c'est trop attendre!... — c'est trop souffrir!... — Vous êtes forte contre moi, Nicole, — je serai fort contre vous et contre moi-même!... — Je ne veux plus aimer!... — je ne veux plus donner mon âme à qui ne me donne point la sienne!... J'imposerai silence à mon cœur, et mon cœur se taira!... — Je pars — je ne reviendrai pas... vous ne me verrez plus!...

Et Paul fit quelques pas pour s'éloigner.

Mais, avant d'avoir tourné l'angle du mur en ruines, il s'arrêta et se retourna.

Nicole, assise ou plutôt accroupie sur une grosse pierre, offrait la triste image du désespoir le plus amer.

Le regard de ses grands yeux était fixe — ses paupières rougies tranchaient avec son visage aussi pâle que celui d'une morte et que traversaient deux ruisseaux de grosses larmes non interrompues.

Ses bras pendaient le long de son corps et ses mains ouvertes semblaient avoir une rigidité cadavérique.

Paul se sentit pris de pitié.

Il revint jusqu'à Nicole, et, s'agenouillant à côté d'elle, il murmura à son oreille :

— Et cependant tu m'aimes, n'est-ce pas ?...

— Oh ! — s'écria la jeune fille en arrêtant sur Paul son regard soudain ravivé.

— Oh ! — répéta-t-elle — si je l'aime !!...
— autant ne vaudrait-il pas me demander si je crois en Dieu !!...

Paul passa ses bras autour de la taille mince et souple de la pauvre enfant, et, de la main qui lui restait libre, il prit et serra sa main glacée.

Puis il continua d'une voix douce et insinuante :

— Eh bien ! si tu m'aimes, pourquoi refuses-tu de me le prouver ?...

— Prouver ? — pourquoi ? — demanda Nicole avec l'inflexible logique de son esprit naïf et droit — est-ce qu'il faut prouver que voici le soleil et que voici la mer?...

— Non certes! — répondit Paul — il ne faut prouver ni le soleil ni la mer — sil sont là, devant mes yeux — je les vois — je ne puis douter — Mais je ne vois pas ton amour... je crois en lui, mais je ne le vois pas, et je doute...

Nicole laissa retomber sa charmante tête sur sa poitrine soulevée par un sanglot convulsif.

Paul resserra son étreinte, de façon à appuyer de plus en plus la jeune fille contre son cœur.

Elle ne résista point.

Paul crut le moment favorable pour recommencer des instances inutiles jusque-là.

— Enfin! — demanda-t-il — veux-tu?...

— Quoi? — fit Nicole en relevant la tête.

— Me rendre heureux...

— Comment?...

— Tu le sais bien...

— Je ne le sais pas... je ne sais rien... ma pauvre tête est pleine de confusion et de bruit — il me semble que je vais devenir folle...

— Souviens-toi de ce que je t'ai déjà demandé..., — consens à m'attendre ce soir...

— Ce soir ?...

— Oui.

— Où ?...

— Chez toi... quand la nuit sera venue... quand tout le monde sera couché...

— Cela ne se peut pas — murmura Nicole — Non... non... Cela ne se peut pas...

— Il le faut, cependant, et, si tu m'aimes, tu diras *oui*...

— Je t'aime !... oh ! je t'aime de toute mon âme... et cependant je ne veux pas...

— Ainsi, c'est décidé, bien décidé !... tu refuses ?...

Nicole ne put répondre — les sanglots étouffaient sa voix.

Paul se leva brusquement.

— Adieu, alors !... adieu pour toujours ! — dit-il.

Et il s'éloigna — mais cette fois sans se retourner.

VII

Les roueries d'un ingénu

Ce qui se passait dans l'esprit du jeune homme tandis qu'il se dirigeait d'un pas rapide vers le château de Piriac en cotoyant la côte sablonneuse des dunes, des pages nombreuses et d'un ennui parfait ne suffiraient qu'à peine pour le mettre sous les yeux de nos lecteurs.

Nous nous abstenons donc avec une conscience dont nous espérons qu'ils voudront bien nous savoir quelque gré.

D'ailleurs nous connaissons déjà le résultat des réflexions de Paul.

Ce résultat se formulait tout entier dans la demande, adressée par Paul à son père, de l'accompagner à Paris.

Le jeune homme, en effet, parfaitement décidé à rompre toute relation avec cette Nicole qu'il considérait, en son for intérieur, comme une *tigresse* sans cœur et sans âme, ne désirait rien tant au monde que de s'éloigner d'elle, sachant bien que l'absence est le meilleur moyen de rupture.

En outre Paul, malgré son inexpérience de la vie, n'ignorait point que dans une grande ville telle que Paris, les occasions de faciles tendresses ne lui manquaient pas, et qu'il trouverait ainsi moyen d'apaiser les tumultueuses ardeurs de ses sens excités outre mesure.

Et nous savons aussi par quel fin de non recevoir, basée sur les sages principes de l'économie la mieux entendue, le baron de Piriac accueillit la requête de son fils.

Ce refus net et précis ne sembla point

du reste, préoccuper outre mesure le jeune homme — nous l'avons déjà dit.

— Ainsi donc, mon père — reprit-il au bout d'un instant — vous ne voulez pas m'emener?..

— Non! cent fois non! mille fois non!...

— Vous êtes parfaitement décidé?

— Est-il indispensable de te le répéter jusqu'à demain pour convaincre ton entêtement?

Paul fit un geste d'insouciance, et sa réplique fut une conclusion à laquelle il était impossible de s'attendre, d'après tout ce qui avait précédé.

— Eh bien, ma foi, — dit-il —tant pis ! — vous me refusez, ça m'est égal !... — j'aime autant rester ici...

Le baron regarda de nouveau son fils, avec un étonnement croissant.

Paul souriait d'un air enchanté.

— Ah ! ça, mais — demanda monsieur de Piriac — est-ce que tu te moques de moi?...

— Oh ! par exemple!...

— Franchement, ça y ressemble! — si

tu aimes autant rester ici, pourquoi me demandais-tu de t'emmener ?...

— C'était une idée à moi...

— Ah ! bath !...

— Mon Dieu oui.

— Et ton idée est passée ?

— Complétement.

— Et, cette idée, peut-on la connaître ?

— Il me serait impossible de vous l'expliquer.

Le baron se frappa le front en riant, à deux reprises, et sa physionomie prit une expression de désespoir comique.

— Sabine — dit-il ensuite en s'adressant à sa femme — votre fils a le transport au cerveau ma chère amie — il faudra soigner cela ! — Ces symptômes sont alarmants et, s'ils persistent, je redoute une aliénation mentale bien caractérisée.

Tout le monde se mit à rire, et Paul le premier.

Or, d'où venait ce brusque revirement dans les idées et dans les résolutions du jeune homme ?

Avons-nous besoin de l'expliquer ?

A peine Paul venait-il de manifester le désir de s'éloigner de la Bretagne, qu'il craignait déjà que ce désir ne fut exaucé.

Les amoureux sont sujets à ces rages soudaines si vite évanouies — feux de paille d'un immortel courroux qui dure aussi longtemps que la fumée d'une capsule.

Pendant une heure on maudit l'idole et l'on se jure de la briser.

L'heure à peine écoulée on oublie le serment, et l'on adore avec plus de ferveur que jamais l'idole un instant blasphémée.

— Je ne la reverrai jamais! — s'était écrié Paul à cent reprises en regagnant le logis paternel.

Maintenant il se disait :

— Je la verrai demain !...

Nous savons que ce second serment fut mieux tenu que le premier — nous avons à la fin du précédent volume, accompagné Paul et son père au Croisic.

Nous avons vu le baron de Piriac prendre place dans la diligence qui l'entraînait vers Paris où nous ne tarderons guère à le rejoindre.

Nous avons vu le jeune homme se diriger en toute hâte vers la chapelle Saint-Goustan — se cacher derrière les murs croulants du cimetière et faire entendre un bruit faible et doux semblable au cri d'appel des perdrix.

Nous avons vu enfin Nicole, obéissant à

cet appel bien connu, quitter sa pêche en toute hâte et courir au rendez-vous...

La pauvre enfant, depuis la veille avait beaucoup souffert.

Les dernières paroles de Paul, ces paroles qui renfermaient un éternel adieu avaient brisé son pauvre cœur.

Dans sa naïveté virginale elle avait pris au sérieux les folles menaces de son amoureux mécontent — elle s'était dit qu'elle ne reverrait jamais le jeune homme, et, pour elle, renoncer à voir Paul, c'était renoncer à la vie.

Et, cependant, sans bruit, presque sans larmes, elle avait accepté ce douloureux, ce déchirant sacrifice.

Elle s'était dit :

— J'ai rêvé — je m'éveille — ce réveil, c'est la mort! — Je me souviendrai de mon rêve jusqu'au moment, bien proche sans doute, où je m'endormirai d'un sommeil sans fin pour continuer un rêve aussi beau...

Et, le lendemain, insouciante en apparence, mais plus pâle que la veille — les yeux secs, mais rougis et gonflés, — elle avait recommencé machinalement sa vie de chaque jour, et, quand l'heure du rendez-vous de chaque jour était venue, elle avait pris, sans le savoir, le chemin de la plage, et, comme un automate ou comme une somnambule, car la pensée et la volonté étaient absentes de son esprit, elle s'était mise à pêcher.

Qu'on juge de ce qu'elle éprouva quand soudain retentit à son oreille ce signal qu'elle n'espérait pas — qu'elle n'attendait pas et qu'elle croyait ne plus entendre...

— Oh! — murmura-t-elle d'une voix éteinte, en se laissant tomber sans connaissance dans les bras de Paul — oh! ça fait mal!... ça fait bien mal, tant de bonheur après tant de chagrin!...

— Tu as donc eu du chagrin, Nicole?— demanda Paul vivement en recueillant avec ses lèvres deux larmes qui perlaient sous les longs cils de la jeune fille qui frissonna délicieusement sous cette caresse.

— Si j'en ai eu? — répondit-elle — ah! j'en ai eu plus que pour mourir!...

— Bien vrai?...

— Oui, bien vrai... — Mais songez donc, monsieur Paul, j'ai cru que je ne vous reverrais jamais...

— Tu croyais cela, pauvre enfant?

— Dam! vous me l'aviez dit...

— Et tu n'espérais pas?

— Non. — Comment aurais-je espéré?... — Vous étiez si furieux contre moi, hier, en me quittant... — il me semblait impossible que vous me pardonniez jamais...

— Ne sais-tu donc pas, Nicole, que, quand on aime bien, on pardonne toujours...

— Oui, quoique vous fassiez je vous pardonnerais, moi, et de tout mon cœur...
— Mais je ne sais comment vous m'aimez, et, je vous le répète, je n'espérais pas...

— Tu vois que tu as eu tort... et, pourtant?...

— Pourtant? — répéta Nicole.

— Il s'en est fallu de bien peu que ma menace d'hier fût suivie d'exécution...

Nicole pâlit.

Elle éprouvait cette terreur involontaire

et rétrospective qui parfois assaille, après coup, celui qui vient d'échapper à quelque grand danger.

Paul poursuivit :

— J'ai failli partir...

De pâle qu'elle était, Nicole devint livide.

— Partir... — murmura-t-elle d'une voix sourde.

— Oui.

— Partir ! — dit-elle pour la seconde fois. — Et quand seriez-vous parti ?

— Aujourd'hui — ce matin — tout à l'heure...

— Pour longtemps?...

— Oui, pour longtemps.

— Et — balbutia la jeune fille — où seriez-vous allé?..

— A Paris.

— A Paris! — s'écria Nicole avec un redoublement de terreur — à Paris, la grand' ville d'où l'on ne revient pas, dit-on... — oh! mon Dieu!... mais votre père ne vous aurait pas laissé partir...

— C'est lui qui voulait m'emmener...

On voit — soit dit entre parenthèses, — que Paul mentait avec un certain aplomb pour les besoins de sa cause.

— Votre père va donc à Paris ? — demanda la jeune fille.

— Il est en route dans ce moment.

— Et, pourquoi n'êtes-vous pas avec lui ?... Pourquoi êtes-vous resté, monsieur Paul ?...

— Je ne suis pas avec lui parce que j'ai senti que le courage me manquait pour m'éloigner de toi... — Je suis resté parce que je t'aime...

— Mais — balbutia Nicole — vous aviez dit que vous ne vouliez plus m'aimer...

— Je ne le voulais plus, c'est vrai... — Mais ma volonté s'est trouvée moins forte que mon amour — et puis, je me suis dit que ce que tu m'avais refusé hier, tu me l'accorderais aujourd'hui...

La jeune fille baissa les yeux en devenant pourpre.

— Est-ce que je me suis trompé, Nicole? — demanda Paul d'une voix suppliante.

La pauvre Nicole, — nous le répétons — avait tant souffert depuis la veille, que l'idée de nouvelles souffrances l'épouvantait — en outre il lui semblait que Paul, refusant d'accompagner son père à Paris pour rester auprès d'elle, venait de lui faire un sacrifice immense et de lui donner une preuve d'amour à nulle autre pareille.

Elle ne se sentait plus le droit de l'affliger par de nouveaux refus — mieux valait cent fois, pensait-elle, se sacrifier elle-même.

Elle répondit donc, ou plutôt elle murmura d'une façon presque indistincte :

— Eh! bien, oui — tout ce que vous voudrez... tout..

Paul l'appuya contre sa poitrine en une étreinte longue et passionnée.

— Ah! comme c'est heureux que mon père n'ait pas voulu m'emmener!! — se dit-il.

Puis, tout haut, il reprit :

— Ainsi, chère Nicole, ce soir tu m'attendras?...

La jeune fille était redevenue pâle.

— Oui, — répondit-elle cependant sans hésiter.

— Chez toi?

— Oui.

— A dix heures?

— Oui.

— La porte de ta maison restera ouverte?...

— Non, car un autre pourrait venir et

entrer à votre place — mais vous frapperez et je vous ouvrirai...

— Merci, chère enfant ! — s'écria Paul — ah ! tu me rends bien heureux !... et je sens que je t'aime comme je ne t'ai jamais aimée !!...

Il y eut encore quelques paroles échangées entre les deux jeunes gens, puis Paul, tout enivré de joie par cette pensée que l'heure du berger, attendue et désirée depuis si longtemps, allait enfin sonner pour lui, quitta la plage de Saint-Goustan et se dirigea vers le Croisic.

Mathias le passeur était à dîner au moment où l'amant de Nicole atteignit l'extrémité du quai de Lénigo.

Paul héla le vieillard qui ne se fit point attendre, et bientôt le canot fendit les petites lames que la marée montante rendait plus courtes et plus serrées.

— Eh! bien, monsieur Paul — dit le passeur borgne, tout en tenant d'une main ferme la barre du gouvernail — le voilà donc parti, tout de même, votre papa...

— Mon Dieu oui, père Mathias, le voilà parti.

— D'ici à Paris il y a loin, savez-vous!... et les routes ne sont pas sûres, avec leurs satanées inventions de chemins de fer!... — je suis plus tranquille dans mon canot, moi qui vous parle, même quand la mer est un peu dure, *que non pas* dans leurs wagons, comme ils appellent ces diligences de nouvelle invention, qui marchent un train d'enfer et dont le diable doit se mêler, pour sûr!... — enfin pourvu que M. le baron aye bonne chance et qu'il revienne vite au pays, c'est tout ce qu'il faut...

— Merci de vos souhaits, père Mathias, — mais soyez persuadé que mon père reviendra bientôt, et qu'il ne lui arrivera rien de fâcheux...

— Ah! oui, monsieur Paul, ça serait un grand malheur, ça c'est sur, si votre papa ne revenait pas!... — vous seriez trop riche, voyez-vous, et il ne fait pas bon pour les jeunes gens d'être riches d'aussi bonne heure!... l'argent leur tourne la tête et les aide à perdre leur âme!...

— Décidément vous y tenez, père Mathias! — répliqua Paul en riant — voici la seconde fois aujourd'hui que vous revenez sur cette grande richesse dont je n'ai jamais entendu parler!...

— C'est bon!... c'est bon! — je sais ce que je sais — je ne veux rien dire, mais suffit!!...

Le bras de mer était presque traversé — la proue du canot allait atteindre les premières marches de l'escalier de la pointe du Ranz.

Le passeur abattit sa voile.

— Quand vous reverra-t-on par ici? — monsieur Paul — demanda-t-il.

— Aujourd'hui même — répliqua Paul.

— Aujourd'hui ! — répéta le père Mathias — mais ce n'était pas la peine de retourner à Piriac, si vous avez à revenir au Croisic...

— Il me fallait ramener les chevaux à la maison, et d'ailleurs je n'aurai affaire ici que ce soir...

— A quelle heure ?

— Ah! après la nuit tombée — je veux même vous prier de vous trouver là avec votre canot, entre neuf heures et demie et dix heures moins un quart — ça m'évitera la peine de vous héler...

Le vieux passeur posa le doigt indicateur de sa main droite sur son mauvais œil et se mit à rire d'un rire silencieux, assez semblable à celui du fameux *Bas-de Cuir*, ce type immortel si bien retracé par le génie du grand romancier américain.

— C'est bon — fit-il ensuite — c'est bon ! on y sera... — mais dites donc, monsieur Paul.

— Quoi?...

— A dix heures, au Croisic, tout le monde est couché et endormi, excepté pour les douaniers... je me méfie que vous revenez pour quelque affaire de *contrebande...*

Et le père Mathias appuya sur le mot

que nous venons de souligner, de façon à lui donner un sens tout différent de celui qu'il présentait en réalité.

Paul rougit comme une jeune fille.

— Je ne sais pas ce que vous voulez dire — balbutia-t-il.

— Bon!... bon !... je ne vous demande pas votre confession... — je n'ai ni fille, ni femme, ni nièce à garder, grâce au bon Dieu!... — si le coq est lâché, ce n'est pas dans ma basse-cour qu'il fera ses dégâts! — que les autres s'arrangent!... je suis passeur, moi — c'est pour passer les gens à toute heure du jour et de la nuit sans m'inquiéter si ce qu'ils viennent faire est bien *catholique!*... Non, non, monsieur

Paul, soyez tranquille !... vous me dites d'être ici à neuf heures et demie — je serai ici à neuf heures et demie — le reste ne me regarde point...

Et le père Mathias eut un nouvel accès de rire silencieux.

— Vous êtes fou ! — dit Paul tout en prenant le parti de rire aussi pour diminuer son embarras — mais au moins n'alez parler de vos suppositions à personne !!...

— Pas de danger !... pas de danger !... — vous ne connaissez pas le vieux Mathias !... il n'a qu'un œil, c'est vrai, mais l'œil est bon et il sait voir — il n'a qu'une langue aussi ; mais la langue sait se taire!...jamais, au grand jamais, monsieur Paul, la langue n'a répété ce que l'œil avait vu!...

Le canot s'arrêta.

Paul mit une pièce de monnaie dans la main du passeur.

— Que Dieu vous bénisse — dit celui-ci en soulevant son vieux chapeau aux larges bords — j'accepte votre générosité, monsieur Paul, et, aussi vrai que vous êtes un brave jeune homme, je boirai un bon pichet de cidre à votre santé ; — mais vous ne me donneriez que deux sous, ce qui est le tarif, que je ne bavarderais pas plus sur votre compte que si vous me donniez cent sous... — A ce soir donc, monsieur Paul, je serai là à l'heure dite, et nous aurons la marée pour nous...

Paul, assez contrarié de la perspicacité du père Mathias, quoique confiant en sa discrétion, se mit à la recherche des deux bidets qu'il avait abandonnés à eux-mêmes le long des dunes.

Nos lecteurs se souviennent qu'il leur avait improvisé des *entraves* avec leurs sangles.

Les pauvres animaux ne s'étaient éloignés que de quelques pas, et, pressés d'un appétit digne d'un meilleur sort, ils picoraient l'herbe chétive.

Ils accueillirent leur jeune maître par un hennissement de bienvenue.

Il paraît que, somme toute, l'écurie du château de Piriac, pour si peu libérale qu'elle fût à leur égard, leur semblait cependant préférable à la dune pelée.

Paul les harnacha en un tour de main — sauta sur l'un d'eux, et, conduisant l'autre par la bride, les lança au galop dans la direction du toit paternel.

VIII

Nuit bretonne.

Beaucoup de mes lecteurs — je ne me fais aucune illusion à cet égard — considéreront comme un paradoxe plus ou moins ingénieux ce que je vais dire...

Et cependant jamais aphorisme plus

parfaitement et plus incontestablement vrai ne put-être formulé dans aucune langue.

Cet aphorisme, le voici : — Les nuits de la Bretagne ne ressemblent point aux nuits des autres provinces de France — de la Bourgogne, par exemple, de la Provence ou de la Picardie.

Et voici pourquoi :

— Tant que dure le jour, — aussi longtemps que le soleil brille, ou du moins qu'il éclaire, dans un ciel pur ou dans un ciel brumeux, — la Bretagne est un pays comme un autre — plus sauvage peut-être, plus primitif, voilà tout.

Mais laissez venir le soir — laissez le soleil disparaître derrière les landes ou s'éteindre dans l'Océan — laissez la nuit s'étendre, ainsi qu'un linceul sombre, sur les bois séculaires, sur les grèves bruyantes, sur les genêts et sur les falaises, et la Bretagne, aussitôt transformée, deviendra soudainement un pays étrange — hélas! le suprême asile de la poésie populaire — le dernier royaume du merveilleux et du fantastique.

Voyez, à l'horizon, la lune se lève, ronde et rouge comme un gigantesque bouclier de cuivre — sur son disque qui sort de terre se dessine en noir la bizarre silhouette des dolmens et des men-hirs.

Sous ses lueurs blanches et froides naît

et s'agite tout un peuple bizarre — le peuple des gnômes, des larves, des esprits follets.

Des bruits qui n'ont rien d'humain coupent les grands silences de ces heures solennelles.

On entend crier l'essieu rauque de la brouette de la mort qui vient chercher des âmes...

On entend le battoir sinistre des lavandières nocturnes qui tordent éternellement leur linge, et aussi le cou des curieux imprudents qui se hasardent trop près d'elles.

Des flammes courent sur les marécages

— âmes errantes et désolées qui demandent des prières.

Des formes incompréhensibles traversent l'horizon, comme des volées d'oies sauvages — ce sont les sorcières qui, chevauchant leurs manches à balai, se rendent aux orgies que Satan préside.

Tout cela se voit, tout cela s'entend dans les nuits bretonnes — tout cela et bien d'autres choses encore que nous n'osons répéter, dans la crainte de figer d'effroi le sang de nos charmantes lectrices.

N'est-il pas curieux de comparer ces ténèbres sinistres que hantent les spectres et les fantômes, aux nuits lumineuses et lascives du vieil Orient, chantées par Victor Hugo :

> Parfois l'on entendait, vaguement, dans les plaines,
> S'étouffer des baisers, se mêler des haleines...
> Et les deux villes sœurs, lasses des feux du jour,
> Soupiraient mollement d'une étreinte d'amour...
> Et le vent qui passait sous le frais sycomore
> Allait tout parfumé de Sodome à Gomorrhe...

Il est juste d'ajouter que Sodome et Gomorrhe étaient des villes infâmes et maudites que déjà menaçait le feu du ciel — tandis que Dieu bénit et protége la pieuse et naïve Armorique...

Paul de Piriac, quoique Breton pur sang, était sceptique comme on l'est à son âge après une éducation de collége — c'est assez dire qu'il n'ajoutait qu'une foi médiocre aux légendes superstitieuses de sa province natale.

Son âme bien trempée était à l'épreuve de ces vagues terreurs que l'obscurité entraine à sa suite. — Volontiers et sans épouvante il eut passé la nuit tout entière dans les parages mal hantés de la *Pierre longue* autour de laquelle se déroulent, à ce qu'on affirme, les tournoyantes rondes du sabbat.

Et, d'ailleurs, quel est l'amoureux bien épris qui manquerait un rendez-vous sous prétexte que dans les nuits sombres les fantômes quittent leurs tombes...

Mademoiselle de Scudéry — qui se connaissait en galanterie — n'a-t-elle pas dit : — *Un amant qui craint les voleurs n'est pas digne d'amour !...*

Et, cependant, on nous accordera sans peine que les voleurs des nuits parisiennes sont un peu plus dangereux que les revenants des nuits bretonnes.

Vers neuf heures, Paul, se disant fatigué, quitta sa mère et sa sœur et se retira dans sa chambre.

Il n'y resta que quelques minutes, et, se glissant sans bruit dehors, il alla seller à l'écurie un des petits chevaux que nous connaissons et il pressa vigoureusement sa monture du côté de la pointe du Ranz où il arriva un peu avant dix heures moins un quart.

L'air était doux et calme — la mer, aussi tranquille qu'un grand lac, envoyait mourir sur le sable humide de la grève de petites lames à peine frangées d'une bande d'écume.

La lune, alors dans son plein, se reflétait dans les rides vaguement indiquées de l'Océan, comme une immense traînée d'argent en fusion.

Les sauvages lapins des dunes bondissaient effarés sous les sabots du cheval lancé au galop.

Paul s'arrêta et rendit une demi-liberté à sa monture, après l'avoir entravée comme le matin.

Ceci fait, il descendit l'escalier irrégulier et glissant de la jetée.

Le père Mathias avait amarré son canot

à une grosse pierre, et dormait, appuyé contre le mât.

Paul le réveilla.

Tous deux prirent la mer.

La traversée fut courte et silencieuse.

— Faut-il vous attendre ? — demanda le vieux passeur, au moment ou le canot allait aborder.

— Non — répliqua le jeune homme.

— Vous ne retournez donc pas à Piriac cette nuit ?

— Si, mais, comme je ne sais pas à quelle heure, je frapperai au volet de votre maison quand je serai prêt à partir.

—C'est bon, je vais me jeter sur mon lit tout habillé — Ça fait que je serait prêt en même temps que vous.

— A quelle heure commence-t-il à faire jour?

— Entre quatre heures et quatre heures et demie...

— Merci, père Mathias — je vous souhaite un bon sommeil...

— Ça n'est pas de refus, monsieur Paul, et je vous en souhaiterais bien autant... mais ça ne serait pas la peine...

Le canot toucha.

Au moment où Paul s'élançait à terre deux ombres grisâtres semblèrent se détacher d'un pan de muraille et s'avancèrent vers lui.

Le jeune homme étonné s'arrêta.

Les deux ombres étaient deux douaniers à qui ce nocturne débarquement semblait suspect.

Ils reconnurent Paul, et, sans prononcer une parole, ils portèrent la main à leur képy et s'éloignèrent discrètement.

Paul s'assura qu'ils avaient repris leur faction le long des quais et de la jetée et qu'ils ne songeaint point à l'espionner.

Puis, parfaitement tranquillisé à cet égard, il s'enfonça sous les arbres touffus qui forment la promenade du Lénigo, et que les remparts démantelés d'une antique batterie protégent contre le vent de la mer.

Nous croyons avoir déjà dit que la maisonnette de Nicole était située à l'extrémité de la petite rue qui borde cette promenade dans toute sa longueur et qui conduit à l'établissement des bains de mer — à la chapelle de Saint-Goustan, et à *la Côte* proprement dite.

Cette *maisonnette*, — car quel autre nom lui donner ? — n'avait que deux ouvertures sur la rue, une porte et une fenêtre, et ne se composait que d'un rez-de-chaussée divisé en deux pièces de grandeur à peu près égale.

Derrière s'étendait un petit enclos, long de trente pieds et large de vingt, fermé par un mur en pierres sèches grossièrement mais solidement assemblées.

Dans cet enclos se voyaient jusqu'à trois pommiers à cidre, de bonne qualité et en plein rapport.

Maisonnette et pommiers constituaient la fortune de Nicole.

Le tout valait bien six cents francs !...

Paul s'arrêta devant cette humble demeure.

La porte et le volet étaient fermés, mais à travers leurs fissures on voyait s'échapper les faibles rayons d'une lueur douteuse.

Les jambes du jeune homme tremblaient sous lui et son cœur battait si vite et si fort qu'il lui semblait, dans le silence de la nuit, entendre ses pulsations brusques et rapides.

A trois reprises il se rapprocha de la porte et sa main se leva pour frapper.

A trois reprises sa main retomba.

O merveilleuse et charmante timidité du premier amour et de la première aventure !... les amants civilisés de Paris et de la banlieue ne t'ont jamais connu et ne te connaîtront jamais !...

Enfin, Paul se décida à heurter doucement la porte qui s'ouvrit aussitôt.

Le jeune homme entra et, aussitôt qu'il eut franchi le seuil, il referma la porte derrière lui.

Le loup était dans la bergerie — mais les allures de ce loup, nous devons à la vérité d'en convenir, ne semblaient ce soir-là que fort peu dévorantes !..

Est-ce une chose extrêmement utile que de décrire minutieusement l'intérieur de la chaumière bretonne dans laquelle nous introduisons nos lecteurs ?

Nous ne le croyons pas, et d'ailleurs cet intérieur, par le fait même de son excessive simplicité, prête peu à la description.

Quelques images pieuses, grossièrement

enluminées, attachées par quatre clous sur la muraille nue et blanchie à la chaux — un lit très élevé, sous ses rideaux de serge verte — une vieille table de bois noir — deux ou trois chaises — la terre battue pour tout plancher — une statuette de la Vierge, en plâtre colorié, sur le manteau de la cheminée — en vérité, voilà tout.

La lueur indécise d'une petite lampe de cuivre placée à côté de la statuette éclairait faiblement cette humble chambre et ce mobilier plus humble encore.

C'était pauvre, très pauvre même, — mais ce n'était pas misérable.

L'ordre le plus exquis, l'arrangement le plus minutieux présidaient aux moindres détails.

La petite lampe de cuivre étincelait comme de l'or, — les chaises vermoulues et la vieille table offraient le brillant du bois d'ébène.

Les rideaux de serge tombaient avec des plis réguliers.

Bref, Nicole avait prodigué les recherches du seul luxe qui soit à la portée des déshérités de ce monde, — le luxe de la propreté.

La jeune fille elle-même avait revêtu son vêtement des dimanches et des grandes fêtes, le délicieux costume des Bretonnes de la presqu'île croisicaise.

Son chaste et charmant visage, tantôt pâle d'émotion, tantôt pourpre de pudeur, — sa taille svelte et gracieuse, ressortaient à merveille parmi l'entourage que nous venons de décrire brièvement, comme dans un cadre fait exprès pour eux.

Debout et indécise à côté de la porte que Paul venait de refermer, elle rappelait d'une façon frappante la Esméralda auprès de Phœbus.

Le jeune homme, nous l'avons indiqué déjà, n'était ni beaucoup moins troublé, ni beaucoup moins interdit que la jeune fille.

Son embarras ressemblait fort à celui d'un chasseur, qui, après avoir longuement et ardemment poursuivi une biche sous l'ombre des grands bois, ne saurait profiter de son triomphe, au moment où sa timide et gracieuse proie vient enfin de tomber dans ses filets.

Quel inimitable tableau un peintre de

talent n'eut-il pas fait avec ces deux naïvetés ainsi face à face ?

Enfin Paul, honteux de cette situation dont le côté charmant lui échappait et dont il ne voyait que le côté ridicule, fit sur lui même un violent effort pour rompre le silence.

Il prit entre ses mains la main tremblante de Nicole, et, d'une voix mal assurée il balbutia :

— Oh ! Nicole, que je t'aime, et que je suis heureux...

La glace était désormais brisée.

Le dialogue ainsi commencé continua, — mais nous croyons avoir d'excellentes raisons pour ne le point suivre dans ses développements.

Disons seulement qu'un peu avant le

point du jour, Paul quittait la petite maison du Lénigo.

Une larme se suspendait aux longs cils de Nicole pensive et muette.

Le jeune homme marchait la tête haute — la poitrine effacée, — et, sur ses lèvres s'épanouissait le sourire du triomphateur.

Il s'arrêta près d'une touffe de rosiers sauvages qui croissait parmi les ajoncs épineux d'une haie — il choisit une petite rose qui venait de s'épanouir dans la nuit, et il la mit à sa boutonnière...

FIN DE LA TROISIÈME PARTIE.

QUATRIÈME PARTIE

LÉONTINE LE MODÈLE

I

Chapitre ennuyeux, mais indispensable et qu'il faut lire jusqu'au bout.

« *L'homme propose et Dieu dispose* » dit un vieil adage dont la vérité pratique ne nous semble point contestable.

A côté de cet adage on en pourrait placer un autre, également justifié par les faits : — *le romancier propose et le hasard dispose.*

Le livre que vous feuilletez aujourd'hui en est une preuve manifeste.

Lorsque nous avons pris la plume, — il y a de cela plus d'un an — pour tracer les premières lignes de l'introduction d'un livre disparu et dont nous ne voulons même pas rappeler le titre, nous étions très parfaitement convaincus que cinq ou ou six volumes suffiraient au complet développement et au parachèvement de notre œuvre.

Nous avions fait un plan dans lequel notre amour-propre d'auteur se mirait avec complaisance.

Trois types préférés — trois figures de femmes — trônaient à la place d'honneur et jouaient de leur mieux leurs *petits rôles* dans les incidents d'une multiple intrigue qui nous paraissait fort carrément et fort gaillardement ourdie.

Nous savions bien qu'il fallait, de toute nécessité, mettre nos lecteurs au courant du passé de nos trois héroïnes, mais il nous semblait que quelques chapitres — un volume tout au plus — nous offriraient amplement l'espace nécessaire pour ce triple récit.

Nous avions cru cela, et pourtant ces indispensables biographies — naïvement considérées par nous dans l'origine comme de simples et courts épisodes, — formant une sorte de prologue — étaient devenus sous notre plume un livre tout entier, et, sur un total de sept volumes, en avaient absorbé six.

La première partie de ce livre que nous continuerons à ne pas nommer, était donc simplement ce qu'en langage de théâtre on appelle *l'avant-scène* d'une pièce — c'est-à-dire la série des faits qui se sont passés avant le lever de la toile.

Nous avions posé nos personnages, — bien ou mal — c'était à notre ami le public de résoudre affirmativement ou négativement cette question.

Enfin ces personnages étaient connus — il nous restait à les faire mouvoir et agir — ce qui, sans doute, pouvait passer pour la partie la plus difficile de notre longue tâche.

Mais voici que, soudain, a retenti un coup de tonnerre inattendu.

Le livre a disparu, foudroyé.

De ses débris, rien ne surnage — le sinistre est complet et sans remède.

Une seule épave vient à la côte dans ce grand naufrage et peut-être sauvée.

Cette épave, c'est le plan de la seconde partie encore inédite.

C'est ce plan que nous utilisons aujourd'hui dans les *Deux Bretons*, — seulement il nous faut, avant tout, recommencer ce que nous avions déjà fait, c'est-à-dire *poser* de nouveaux personnages qui viennent s'encadrer dans les châssis de l'ancienne trame.

Les *Deux Bretons* — veuillez le bien comprendre et vous en souvenir, chers lecteurs — ne sont donc à proprement parler qu'un *prologue*.

Ne demandez pas à ces volumes d'être complets et de se dénouer, car vous leur demanderiez tout simplement l'impossible.

Ceci bien dit et bien posé, nous nous mettons à la besogne avec courage, mais aussi avec crainte et tremblement.

Nous éprouvons une extrême défiance de nous-même.

Un sentiment — peut-être excessif — de notre infériorité, nous accable.

Ce sentiment — du moins aussi développé ne nous est point habituel, car — disons-le franchement — une complète modestie n'a jamais été notre vertu dominante...

Pourquoi donc cette méfiance? — pourquoi cette crainte?

Est-ce la prescience que nous allons écrire un livre un peu plus que médiocre?

Si cela est, tant pis pour tous...

Pour nous — triste auteur d'un plat roman...

Pour nos lecteurs, surtout, contraints de feuilleter une œuvre indigeste, et de subir une heure d'ennui avant d'envoyer au diable un plaisir devenu corvée...

Une chose cependant nous rassure.

C'est cette constante bienveillance qui, depuis nos débuts littéraires, nous a sans cesse accompagné et soutenu.

Quand même cette bienveillance inépuisable serait forcée de se métamorphoser aujourdhui en une trop grande indulgence nous nous croyons certain qu'elle ne nous ferait pas défaut.

Levons donc, puisqu'il le faut, l'ancre de ce navire qui va nous emporter.

Mettons toutes voiles au vent et faisons des vœux bien ardents pour que la trop faible main qui tient le gouvernail ne perde point, au milieu des écueils, la pauvre embarcation chavirante et brisée.

. . . .
. . . .

Un mot encore avant de finir — ou plutôt avant de commencer.

Certaines personnes qui se prétendent bien informées, et qui doivent en effet, pour de bonnes raisons, connaître les goûts de ce bon public avec lequel elles sont en constant rapport — affirment qu'en l'an de grâce 1857, la plus grande partie des lecteurs se plaignent de l'excessive longueur des romans nouveaux, et réclament à cors et à cris, comme devant combler tous leurs vœux, de *jolis petits* romans en deux ou trois volumes.

Il ne nous semble pas qu'il soit tout à fait impossible de répondre d'une façon satisfaisante à ces réclamations et à ces demandes.

Si les romans contemporains sont ennuyeux, le public a parfaitement raison de se plaindre.

Quand l'ennui est de longue durée, il se double, il se triple, il se quadruple. — Ceci est logique et incontestable.

Mais si les livres qui naissent sont par hasard amusants, — bien faits — dramatiques ou comiques — réunissant enfin les principales qualités du genre, ou seulement même quelques-unes, — si, en un mot, leur lecture apporte un plaisir à l'esprit et à l'imagination, une douce émotion au cœur, — ne doit-on pas souhaiter que ce plaisir et cette émotion aient quelque durée ?...

Il nous semble que oui.

Il est d'ailleurs une chose dont notre seigneur et notre maître le public ne nous semble point se rendre suffisamment compte.

— Autrefois — se dit-il — on nous faisait d'excellents livres, — et ces livres avaient deux volumes — rarement trois — presque jamais quatre.

Aujourd'hui, au contraire, la moindre élucubration du moindre romancier compte les tomes par douzaines...

A ceci nous répliquerons :

— Vous avez raison, cher public. — Autrefois les livres étaient bons et ils étaient courts. — Frédéric Soulié — Balzac — George Sand — Dumas lui-même, Dumas le créateur suprême et le maître sans rivaux en fait de gigantesques épopées !!... — nous donnaient des chefs-d'œuvre en deux volumes.

« Mais vous vous en êtes dégoûté — bon public ! — Vous avez voulu des livres sans fin et vous avez été servi à souhait.

» Pendant longtemps cela vous a plu.

» Et voici que de nouveau — à ce qu'il paraît — votre goût change...

» Vous désirez autre chose...

» Mais, quoi ?

» Peut-être ne le savez-vous pas parfaitement vous-même.

» Eh! bien, nous, nous le savons et nous allons vous le dire :

» Vous voulez, sous la jaune couverture de deux volumes in-octavo, contenant ensemble un total de six cent quarante pages — y compris les pages blanches ! — Vous voulez, disons-nous, trouver les abondantes péripéties, les nombreux caractères, les multiples figures que vous êtes accoutumés à rencontrer dans les quinze volumes d'un roman bien fait.

» Il vous faut de la passion, de l'intérêt, du drame — que sais-je encore? — en vingt ou vingt-quatre chapitres.

» On devrait, pour vous satisfaire, quintessencier les *Mystères de Paris* en deux volumes — *Monte-Cristo* en deux volumes — les *Mousquetaires* en deux volumes — les *Parents pauvres* en deux volumes !...

» Or, ce que vous demandez là, cher public, est la chose de ce monde la plus parfaitement insensée.

» Les larges œuvres dont je viens de citer les titres vous sembleraient à vous-mêmes mesquines, châtrées, insignifiantes, si pour vous complaire on les étendait sur quelque nouveau lit de Procuste.

» Aux idées vastes, il faut de vastes développements.

» Le temps est passé, où l'on se faisait une réputation dans les lettres avec de petits ouvrages en un petit volume.

» Publiez donc aujourd'hui (*) *Ourika* — ou *Eugène de Rothelin* — ou *Colomba* — (trois perles, pourtant!) et vous verrez si la plus complète indifférence n'accueille pas ces œuvres charmantes qui naîtront obscurément et mourront inconnues.

» Vous vous plaignez des longs romans, chers lecteurs, et ceux qui sont courts passent inaperçus de vous.

» S'il pouvait être permis de parler de nous après les noms illustres citées dans une des pages qui précèdent, nous dirions que nous n'avons eu de succès à peu près réels qu'avec des ouvrages de longue haleine, et que personne ne s'est occupé de

---

(*) *Ourika*, par madame de Duras — *Eugène de Rothelin*, par madame de Souza. — *Colomba*, par Mérimée.

ceux, plus courts, que nous avons publiés.

» Les *Chevaliers du Lansquenet* — les séries des *Confessions d'un Bohême* — les *Viveurs de Paris* et deux ou trois autres, voilà sans contredit les plus beaux fleurons de notre couronne littéraire.

» Peut-être n'a-t-on que bien peu lu ces livres — mais, enfin, on sait qu'ils existent.

» Le nom qui signe ces ouvrages n'est pas glorieux sans doute, mais n'est pas inconnu.

» Il le serait — nous n'en pouvons douter — s'il n'avait jamais signé que des romans en deux volumes.

Un homme d'infiniment d'esprit terminait une lettre à un ami par ces mots

— *Excusez la longueur de ce billet — je n'ai pas eu le temps de l'écrire plus court.*

C'était charmant — et c'était vrai.

Nous ne terminerons point ce chapitre en disant : — *Excusez la longueur de nos livres — nous n'avons pas le temps de les faire plus courts...*

Ce n'est point le temps qui nous manque, hélas! c'est le talent.

Aussitôt que le cadre dans lequel nous devons enfermer notre récit est restreint, le peu de qualités que l'on veut bien nous accorder nous fait subitement et absolument défaut.

Si la liberté d'allures nous est enlevée notre hardiesse disparaît, nous devenons timides comme ces nageurs qui fendraient d'un bras vigoureux les lames de l'Océan et qui se noient dans une mare.

Nous ressemblons à ces chevaux qu'on entrave des pieds de devant — ils voudraient galoper et ils ne peuvent que trottiner péniblement.

Aussi réclamons-nous, au point de vue de notre humble littérature, une indépendance absolue.

Ne nous enfermez pas, cher public, dans un cercle étroit, — nous vous en supplions.

Ne rognez point nos pauvres ailes avec lesquelles nous volons de notre mieux.

Quand nous sommes emprisonnés, nous hésitons au lieu de marcher — nous boitons au lieu de courir — nous nous heurtons contre les murs...

Bref, nous ne faisons rien qui vaille.

Ne proscrivez donc pas nos romans, si longs qu'ils soient.

Ne les proscrivez pas, du moins, par cette raison unique qu'ils sont longs.

Dites vous — pour notre excuse — que si nous faisons ainsi, c'est que nous ne pouvons faire autrement.

Souvenez-vous enfin de ce trivial adage que monsieur de La Palisse n'aurait pas désavoué : *A l'impossible, nul n'est tenu !...*

Et, maintenant, pardon, cent fois pardon de ce long chapitre — il est bien ennuyeux, n'est-ce pas, et il vous a bien ennuyé ?...

— Oh ! oui !...

— C'est là votre avis ?

— Sincèrement.

— Tant pis pour vous, cher lecteur — vous n'aviez qu'à ne pas le lire...

— Vous êtes un sot et un impertinent, cher auteur — vous n'aviez qu'à ne pas l'écrire...

— Vous avez peut-être raison, mais, que voulez-vous ? — Nous nous sommes figuré, de la meilleure foi du monde, qu'il était tout à fait indispensable de vous expliquer pourquoi nous allions quitter momentanément nos deux Bretons, Georges de Coësnon et le baron de Piriac. — Si nous nous sommes trompés, nous avouons nos torts et nous tâcherons de les réparer.

— Vous êtes pardonné. — Allez en paix et ne péchez plus...

II

Six heures du matin.

— Monsieur!... Monsieur!...
— Hein?... quoi?... qu'est-ce que c'est?...
— Monsieur, il faut vous lever...
— Tu dis?...

— Je dis, monsieur, qu'il faut vous lever...

— Tu rêves, Joseph !!

— Non, monsieur, ce n'est pas moi qui rêve... ça serait plutôt vous...

— Quelle heure est-il donc ?

— Six heures du matin...

— Ceci est une déplorable plaisanterie, Joseph !... depuis quand ai-je l'habitude de me lever avant l'aurore?... — sais-tu bien que nous sommes en plein décembre... — sais-tu bien qu'il neige et qu'il vente, et que mon thermomètre marquait, hier au soir, huit dégrés au-dessous de zéro !...

— Oui, monsieur, je sais tout cela...

— Eh bien, si tu le sais va-t'en au diable !...

— Non, monsieur, je n'irai pas...

— Allons, imbécille, laisse moi dormir...

— Ça ne se peut pas, monsieur...

— Et pourquoi cela, s'il te plaît?...

— Monsieur oublie donc?...

— Quoi? drôle! qu'est-ce que j'oublie?...

— Hier soir, en rentrant, à minuit moins dix minutes, monsieur m'a fait l'honneur de me dire, comme ça : — Joseph, c'est demain le 22 décembre. — Oui, monsieur. — Joseph, tu m'éveilleras à six heures du matin, sans faute. — Oui, monsieur. — Joseph, si tu me laisses dormir seulement cinq minutes de plus, je te flanque à la porte. — Oui, monsieur, — et voilà pourquoi j'éveille monsieur à six heures sonnantes — je veux bien que monsieur m'envoye au diable, mais je veux rester avec monsieur...

— Ah, fichtre, c'est vrai !... — ce que c'est que le sommeil! j'avais tout oublié... — tu as eu raison Joseph et je te vote des éloges !... — allons, vite, allume du feu et prépare tout ce qu'il faut pour ma toilettte ! — je n'ai pas une seconde à perdre! ce scélérat de chemin de fer d'Orléans est exact comme un chronomètre !...

Tout en prononçant ces derniers mots, un grand et beau jeune homme de vingt-six à vingt-huit ans — que nous venons d'entendre dialoguer depuis un instant, mais que nous n'avons pas encore vu — écarta brusquement les chaudes couvertures dans lesquelles il s'enveloppait jusqu'au menton — sauta au bas du lit qu'il paraissait quitter avec un regret si vif et si naturel, — passa rapidement et serra sur ses hanches au moyen d'une cordelière de soie un pantalon du matin en flanelle rouge — et, enfin, chaussa d'élégantes pantoufles placées sur une peau d'ours au pied de son lit.

Ceci terminé, il fit deux pas en avant — s'arrêta — écarta les jambes — éleva vers le plafond ses deux bras étendus, et, dans la position d'un X majuscule, il se livra à trois reprises différentes à des bâillements longs et énergiques.

— Brrrr!!... — fit-il ensuite en pirouettant sur lui-même avec un frisson — quand on pense qu'il y a des misérables êtres — et qu'il y en a beaucoup!... — assez abandonnés du ciel et assez maltraités par la société pour être contraints de se lever tous les jours à pareille heure!!... — je ne sais pas quel est l'artiste ou l'écrivain qui prétendait ne pouvoir travailler qu'au point du jour... — je n'admets cette anomalie qu'à la condition d'avoir veillé pendant la nuit tout entière, car je défie un homme d'esprit de n'être pas bête comme trente-six choux en s'éveillant à six heures du matin... — quant à moi il me serait impossible, complètement impossible, de coudre deux idées l'une au bout de l'autre!...

Notre jeune homme interrompit ce long monologue pour s'adresser à son domestique auquel il dit :

— Allons, Joseph, rase moi lestement — tâche de ne m'orner le visage d'aucune estafilade, et cours ensuite me chercher un véhicule — je crois que je suis médiocrement en avance...

Joseph — puis qu'ainsi se nommait le valet — se mit à l'œuvre aussitôt, et parut manier la savonette et le rasoir avec toute la dextérité d'un figaro émérite.

Profitons s'il vous plaît du moment où maître et valet de chambre sont occupés tous deux, pour donner à nos lecteurs, sur l'un et sur l'autre, quelques détails nécessaires.

Et d'abord commençons — selon la coutume des auteurs dramatiques — par crayonner sans retard une rapide esquisse des lieux dans lesquels se passe la scène que nous racontons.

Lorsque le décor est bien connu, les personnages sont plus faciles à mettre en scène.

Nous avons dit déjà — ou entendu dire, ce qui revient exactement au même — que nous étions au 22 décembre, et qu'il était six heures du matin.

Ceci posé, nous n'étonnerons personne en ajoutant que la pièce dans laquelle nous venons de pénétrer était éclairée en ce moment par les bougies d'un candélabre placé sur un petit guéridon.

Cette chambre assez vaste prenait jour sur la rue par deux fenêtres, elle était remarquable par une ornementation d'un goût bizarre, où les styles des époques les plus différentes se confondaient et se heurtaient dans un pittoresque disparate, sans cependant blesser l'œil d'un observateur et d'un connaisseur.

A coup sûr cette pièce servait à la fois de chambre à coucher, de cabinet de travail et peut-être même de salon à son propriétaire.

Ainsi, au fond d'une large alcôve, se dressait un lit en vieux chêne, à colonnes torses supportant un lourd baldaquin précieusement sculpté.

Des rideaux épais d'un lampas oriental pourpre, enveloppaient ce lit dans leurs plis raides et magistrals.

Une tenture de cuir de Cordoue à fond brun semé de dessins arabesques d'un or rougi, garnissait les murailles.

La cheminée disparaissait presqu'entièrement, enfermée dans les rideaux d'un lampas pareil à celui du lit.

Au centre de la tablette de cette cheminée se dressait une pendule fort curieuse, en laque rouge, affectant la forme d'un obélisque, — le cadran constellé de chiffres indiens, occupait l'extrémité supérieure.

De chaque côté de cette bizarre horloge, venant en ligne directe de Bagdad ou d'Ispahan, brillaient deux coupes en vieil argent finement ciselées, — œuvres incontestables de Benvenuto Cellini — si mêmes elles n'étaient pas sorties des mains habiles du maître lui-même.

Deux grosses potiches en vieux japon, d'un merveilleux émail — une charmante lampe à esprit de vin destinée à allumer les cigares, — un pot à tabac en porcelaine de Chine craquelée, complétaient cette garniture de cheminée riche et originale.

Une large et belle glace de Venise, taillée à biseaux, s'inclinait dans son cadre d'ébène au-dessus de la pendule.

A gauche, un piédouche de Boule supportait un délicieux buste de la Dubarry, attribué à Coustou.

Au tour de ce buste se voyait, contre les murailles toute une collection d'écrans et de chasse-mouches aux couleurs éclatantes.

Un peu plus loin un magnifique Christ du moyen-âge, en ivoire jauni par le temps, étendait sur une simple croix de chêne ses bras amaigris aux veines saillantes.

A droite, un groupe en vieux Sèvres, — presqu'aussi charmant que les Saxe de Dumas fils — faisait pendant au buste de la courtisane quasi-royale.

Un peu plus loin se voyait une délicieuse tête de jeune fille — adorable pastel de Latour — dans un cadre ovale ciselé comme un joyau.

Un grand bahut en chêne, de style Louis XIII — sombre et sévère comme le règne du cardinal-ministre — occupait le panneau qui faisait face à la cheminée.

Au milieu de la pièce, un immense bureau de Boulé, surchargé de livres — de papiers — d'albums — de croquis — et d'une foule d'accessoires qui révélaient d'une façon incontestable les occupations, ou du moins les goûts artistiques de son propriétaire.

Entre les deux fenêtres un petit guéridon de bois de rose supportait un énorme candélabre en bronze florentin.

Les bougies de ce candélabre éclairaient en ce moment la pièce que nous décrivons.

Sur la tenture on pouvait admirer — outre le pastel dont nous avons déjà fait mention, une Vierge du Tintoret — une Kermesse de Téniers — un vieux soldat de Charlet — des Femmes turques au bain de Diaz — une réduction à la plume de la *Smala* d'Horace Vernet — des Amours de Fragonard — une Scène amoureuse de

Watteau — une marine de Morel-Fatio et des chevaux d'Alfred de Dreux.

Puis, séparant chaque tableau — des trophées de flèches des Maldives — des lances indiennes — des boucliers en écaille de tortue — des armes arabes — des pertuisanes — des casques du douzième siècle — des arquebuses et des épées de combat.

Les siéges consistaient en un large divan de forme turque, recouvert en étoffe indienne — en deux fauteuils — trois chauffeuses et quelques poufs.

Les rideaux des fenêtres étaient en soie à larges rayures algériennes, de couleurs vives et tranchées.

Deux portières de même étoffe retombaient sur deux portes placées l'une en face de l'autre.

Ajoutons, pour compléter par une dernière touche la description de cette pièce excentrique, que le plafond représentait un ciel nuageux, peint avec une remarquable vérité de tons, et sur lequel voltigeaient une douzaine d'oiseaux au plumage étincelant, suspendus par des fils imperceptibles.

En soulevant la portière de droite, on pénétrait dans un petit réduit garni de tablettes sur lesquelles s'étalaient une multitude de fioles étiquetées, des cornues, des alambics, bref, tous les instruments nécessaires pour l'étude pratique de la chimie.

Un fourneau de grandes proportions,

recouvert d'un toit incliné, occupait un angle de cette petite pièce.

La portière de gauche donnait accès dans un vaste atelier muni de tout l'attirail de la peinture, et riche de ces fantastiques ornementations qui font la joie des artistes.

Nous ne pouvons nous embarquer dans une description détaillée de cette espèce de vaste bazar, où l'art et la fantaisie de tous les âges et de tous les pays avaient des représentants authentiques.

Il recevait la lumière d'un châssis vitré, masqué à demi d'un store mobile en serge verte.

Deux portes dérobées établissaient les communications, l'une avec l'antichambre de l'appartement, l'autre avec un petit escalier de service affecté spécialement aux modèles.

Disons — pour en finir sans plus de retard avec ces descriptions locales — que l'appartement dans lequel nous venons de transporter nos lecteurs était situé au cinquième étage d'une belle maison de la rue Pigale.

Six heures trois quarts sonnaient à l'affreux clocher de Notre-Dame-de-Lorette, au moment précis où notre jeune homme terminait sa toilette matinale.

Il s'enveloppa frileusement dans les quadruples plis d'un énorme cache-nez — il endossa un pardessus qui pouvait lutter d'ampleur et d'épaisseur avec ceux de notre ami Méry, et il alluma un cigare.

Le valet de chambre, tout grelottant, et

dont le nez était presqu'aussi rouge que la veste, apparut à l'une des portes.

— Eh! bien — lui demanda son maître — est-ce que la voiture est en bas?

— Oui, monsieur — répondit le domestique — mais je ne l'ai pas eue sans peine — les cochers de la station voisine ne voulaient pas atteler.

— Et, comment les as-tu décidés?

— Dame! j'ai promis un bon pourboire...

Après avoir entendu cette réponse, le jeune homme, sortit de la chambre en riant — descendit les cinq étages — ouvrit la portière d'un coupé de louage qui stationnait devant sa porte, et sauta lestement dans l'intérieur.

— Où allons-nous, bourgeois ? — demanda le cocher en s'approchant.

— Au chemin de fer d'Orléans — et bon train !...

— Plus que ça de ruban de queue !... — grommela l'automé don, en remontant sur son siége avec cette mauvaise humeur chimérique qui forme un de ces traits saillants du caractère de messieurs les cochers de régie.

— Hue ! cocotte ! — cria-t-il encore à son cheval en l'enveloppant dans un coup de fouet bien appliqué — allons ! hue !!...

La malheureuse bête — brusquement arrachée aux douceurs de son picotin matinal, — se tortilla pendant un instant dans les brancards, et finit par se décider à prendre une allure à peu près satisfaisante.

Une demi-heure après, le coupé s'arrêtait à l'embarcadère du chemin de fer d'Orléans — côté de l'arrivée.

III

Bonheur de se revoir.

Le jeune homme descendit de voiture, donna l'ordre au cocher de l'attendre, puis, apercevant un employé qui traversait la gare, il lui demanda :

— Auriez-vous, monsieur, l'obligeance

de me dire si le train express est arrivé?...

— Pas encore, monsieur — répondit l'employé en s'arrêtant — mais, dans vingt-deux minutes vous entendrez le sifflet de la locomotive — ajouta-t-il en regardant sa montre.

Le jeune homme le remercia du geste, et, allumant un second cigare au débris du premier, il se mit à arpenter dans tous les sens le grand vestibule qui longe les salles d'attente.

— Pardieu! — se disait-il à demi-voix, tout en battant vigoureusement la semelle pour ramener un peu de chaleur à ses extrémités engourdies — si j'avais pu me douter que je serais de vingt-deux minutes en avance, que le diable m'emporte si je n'eusse pas dormi de bon cœur un bon quart d'heure de plus!... — il fait véritablement un froid de Laponie, dans cette maudite gare, et je ne connais rien de si désagréable que la nuit du matin!... — enfin, puisqu'il faut attendre, attendons!...

Et sur cette conlusion éminemment philosophique, il continua sa promenade avec plus d'acharnement que jamais.

Maintenant — avec la permission de nos lecteurs — nous allons combler l'espace de temps qui nous sépare encore de l'arrivée du train si impatiemment attendu par notre promeneur matinal, en faisant avec ce dernier une plus intime et plus parfaite connaissance.

Nous avons décrit avec quelque soin

l'intérieur de l'appartement de la rue Pigale.

Il est tout aussi indispensable — du moins nous le croyons — de crayonner le portrait du maître.

Nous avons dit déjà que c'était un *beau* garçon d'environ vingt-six ou vingt-huit ans, et peut-être avons-nous eu tort d'employer cette épithète de *beau* qui ne donne pas une idée exacte de l'ensemble du personnage que nous mettrons en scène.

Sa physionomie était plutôt intelligente que belle — ses traits plutôt agréables que réguliers.

Grand — très mince — bien découplé et de tournure élégante, il avait des extrémités fines et correctement attachées.

L'ovale du visage était allongé — le

front haut — les racines des cheveux admirablement plantées.

Les yeux, d'une grandeur moyenne, mais bien fendus, offraient des prunelles noires et vives dont le rayonnement spirituel animait la physionomie.

La bouche, peut-être, était un peu grande, et le nez un peu long — mais une magnifique barbe brune ombrageait les joues, et cette barbe, extrèmement soignée et finement rasée sous le menton, se joignait aux angles externes des lèvres avec une moustache soyeuse recourbée en croc, et encadrait heureusement la figure dans ses massifs réguliers.

Peu soucieux des exigences si souvent ridicules de la mode, notre héros s'habillait selon sa fantaisie, et surtout suivant sa commodité.

Cependant, si parfois sa mise était originale, elle n'était jamais ni exagérée ni excentrique.

Il se nommait Maurice Torcy.

Il avait perdu son père dans les premières années de sa jeunesse.

Elevé par les soins de sa mère qui l'adorait, il s'était trouvé, en sortant du collége, le maître de choisir une carrière et il avait dès-lors manifesté un goût très-vif pour les beaux-arts.

Bientôt Camille Roqueplan — de si regrettable mémoire — le compta parmi ses élèves, et, reconnaissant en lui le zèle, l'aptitude, la passion de l'art et l'amour du travail, il lui prédit un brillant avenir s'il persévérait dans ses laborieuses études.

Maurice devait réaliser bien vite la prédiction du maître.

A vingt et un ans, il partait pour l'Italie.

Là, il s'inspirait de la vue et de l'étude des toiles splendides que nous a léguées le génie des morts immortels de toutes les écoles italiennes — il se liait avec des artistes de mérite dont les goûts éclairés et les sages conseils développaient encore en lui ses facultés naissantes, et, au bout de deux ans d'un travail consciencieux, il revenait à Paris et il se faisait représenter au salon par une toile remarquable et remarquée.

Au milieu des premiers enivrements de

la réussite, un grand et irréparable malheur vint le frapper.

Il perdit sa mère.

Maurice avait voué à cette femme excellente un attachement profond et sans bornes.

Son adoration pour sa mère était tout à la fois un amour et un culte — aussi fut-il en quelque sorte foudroyé et anéanti par cette mort qui faillit accomplir ce que n'avaient pu faire les déceptions de tout genre qui accueillent l'artiste à ses débuts dans la carrière.

Un profond, immense, invincible découragement s'empara de lui et le domina.

Ses amis, craignant que ce désespoir

sombre et terrible ne le poussât au suicide ou à la folie, firent tout au monde, mais vainement, pour l'arracher à sa douleur.

Pendant six mois Maurice vécut seul, dans une séquestration presque complète, refusant avec obstination de recevoir ses meilleurs amis et n'ayant plus la force morale nécessaire pour faire surgir une idée dans son cerveau.

Ses yeux rougis par les larmes et gonflés par l'insomnie demeuraient fixes et sans expression en face de la page blanche d'un album — son crayon tournait entre ses doigts, sans même chercher à tracer les lignes hardies d'un dessin original.

Parfois il copiait machinalement — mais il ne composait plus.

Enfin une fièvre cérébrale des plus violentes résulta de ce bouleversement absolu de l'organisme.

Pendant trois mois entiers Maurice fut sur ce pont fragile et glissant qui sépare la vie de la mort — mais enfin la jeunesse prit peu à peu le dessus — l'existence rentra dans ce corps qu'elle avait presque abandonné.

Maurice revint à la santé et à la force — le cœur toujours ulcéré par la perte qu'il avait faite, mais l'esprit guéri.

Un voyage de quelques mois en Espagne vint achever sa convalescence, et l'artiste revint à Paris avec un portefeuille bien garni de nouvelles et curieuses études, et une imagination enflammée par les chaudes perspectives et les poétiques aspects du splendide pays qu'il venait de visiter.

Il se remit au travail avec ardeur, et de nouveau le succès vint couronner ses efforts.

Sa mère, en mourant, lui avait laissé pour toute fortune les revenus d'une petite maison qu'elle possédait dans l'un des faubourgs de Paris.

Ces revenus étaient d'environ quatre mille francs.

Maurice, par son travail, en gagnait à peu près dix mille.

Insouciant, comme presque tous les véritables artistes, ne sachant, en fait de calculs financiers, que bien juste ce qu'il fallait pour équilibrer à peu près ses revenus avec ses recettes — il n'avait jamais songé, pas plus que la cigale de la fable, à économiser sur le présent pour dorer l'avenir.

Il ne faisait point de dettes, mais il dépensait exactement les revenus de son immeuble et ceux de son pinceau, et lorsqu'à la fin de l'année il s'était clairement démontré qu'il avait joint les deux bouts, il se félicitait naïvement de son admirable conduite, et il se votait, à l'unanimité, de chaleureux éloges.

Bon, sociable, obligeant, il regardait comme autant d'amis tous les gens auxquels il serrait la main, et comme il n'avait jamais eu besoin de recourir à eux, tandis qu'au contraire il était venu souvent à leur aide, l'occasion de se heurter contre une désillusion quelconque lui avait fait défaut jusque-là.

Donc, Maurice était prodigue d'amité; mais, en revanche, un autre sentiment, l'amour, n'avait tenu jusqu'alors que bien peu de place dans sa vie.

Quelques *éternelles* passions de trois mois parsemées de nombreuses infidélités réciproques — avaient de loin en loin occupé, sinon son cœur, du moins sa tête.

Aussi, — bien portant de corps — libre de cœur — dispos d'esprit, il avait une humeur toujours égale et gaie, et ses moments de tristesse et d'absorption provenaient uniquement des regrets toujours vivants que lui causait la perte de sa mère.

Au moment où nous mettons Maurice en scène, trois ans s'étaient écoulés déjà depuis l'époque où il avait subi cette perte irréparable, et il s'occupait activement de la réalisation du rêve le plus choyé de sa vie artistique — nous voulons parler d'un tableau qui devait, pensait-il, le placer d'un seul coup parmi les plus brillantes étoiles de la jeune pléiade contemporaine.

Depuis bien longtemps déjà l'idée mère de ce tableau mûrissait dans sa tête en feu — bien des fois, déjà, sa main fiévreuse en avait ébauché la composition en traits rapides et saccadés, sur le papier et sur la toile.

Nous connaîtrons plus tard — bientôt sans doute — le résultat de ces nombreux essais.

Quant à présent, nous allons rejoindre Maurice dans la gare du chemin de fer d'Orléans où il poursuit sa promenade impatiente. — Et, maintenant que nos lecteurs connaissent à fond la situation morale, la position sociale et le physique de notre héros, rien ne nous empêche de reprendre, pour ne le plus quitter, le fil de notre récit.

Maurice achevait son second cigare et s'apprêtait, pour calmer les ennuis de l'attente, à en allumer un troisième, lorsque le sifflet strident de la locomotive retentit dans le lointain, répercuté cent fois par les arceaux sonores de la coupole vitrée du débarcadère.

Le train express arrivait.

Maurice se dirigea tout aussitôt vers la salle où stationnent les préposés de la douane et de l'octroi, et, grâce à la bienveillance d'un de ces derniers, il put pénétrer dans l'intérieur même de la gare.

Il y entrait à peine, que le train débouchant dans l'embarcadère, s'avança d'une allure majestueusement ralentie, et que les voyageurs impatients, montrant aux portières leurs têtes curieuses, quoiqu'encore endormies, s'élançaient les uns après les autres des wagons immobilisés, tandis que la machine râlait son dernier souffle, comme un cheval de course épuisé qui vient de rentrer à l'écurie après avoir fourni victorieusement une carrière rude et longue.

Un des premiers qui s'élança de son compartiment, fut un jeune homme blond de cheveux, rose de teint — à la mine éveillée et aux allures vives et franches.

Chaudement enveloppé dans un paletot

gris à longs poils — la tête couverte d'une casquette de voyage enfoncée jusqu'aux oreilles — tenant à la main un nécessaire de voyage en cuir écru, et portant sous le bras un énorme portefeuille noir, tout aussi volumineux et tout aussi bourré de papiers que celui de cet original Bourguignon de Saint-Sylvain, que nos lecteurs connaissent si bien — il se dirigea rapidement vers la salle des bagages.

En l'apercevant, Maurice courut au-devant de lui.

— Gilbert ! — lui cria-t-il — par ici, mon ami, par ici !...

— Maurice ! — répondit l'arrivant en se jetant dans les bras de l'artiste et en l'embrassant avec effusion. — Comment, mon cher et bon Maurice, te voilà !...

— Je crois bien que oui, mon ami Gilbert.

— Ah! sacrebleu! cela est vraiment trop gracieux à toi d'être venu à ma rencontre par un semblable froid et à pareille heure!... — Ma foi, je ne t'attendais guère!...

— Ne m'avais-tu pas écrit que tu arrivais ce matin?

— Sans doute, mais je t'avoue que je n'espérais pas te trouver au débarcadère...

— Tu vois bien que tu te trompais.

— D'abord on se trompe toujours quand on ne te suppose pas capable des prévenances les plus charmantes!...

— Flatteur!...

— Eh! non! tu sais bien que j'ai raison...

Les deux jeunes gens échangèrent une nouvelle poignée de main, puis, celui que nous venons d'entendre nommer Gilbert poursuivit, en tirant de son porte-monnaie son bulletin de bagages et en détachant les courroies d'une malle importante :

— Je vais me faire visiter, et ensuite je suis tout à toi.

Et il héla un douanier qui ne se fit point attendre.

— N'avez-vous rien à déclarer? — lui demanda ce préposé d'un ton solennel.

— Je vous déclare que je suis enchanté de me trouver ici — répondit le jeune homme en riant — je ne suppose pas que ma satisfaction légitime paye des droits d'entrée dans Paris.

Bon enfant, malgré son air grave et gourmé, le douanier daigna sourire.

Sans se donner la peine de procéder à une fatigante et minutieuse perquisition, il traça, sur le couvercle de la malle, un signe hiéroglyphique à l'aide d'un morceau de craie blanche — Gilbert jetta cette malle sur l'épaule d'un commisionnaire — il prit le bras de son ami, et tous deux gagnèrent la cour où attendait le coupé qui avait amené Maurice.

Quelques minutes après ils roulaient de compagnie dans la direction de la Bastille.

— Donne-moi vite des nouvelles de ton excellente mère — avait dit Maurice en prenant place dans l'intérieur de la voiture.

— Merci, cher ami — répondit Gilbert — la santé de ma mère est plus que jamais excellente. — Cette bonne mère habite toujours la petite maison que tu connais et qui domine la rade de Brest. — Pas un navire n'entre dans le port, pas un vaisseau ne prend la mer sans qu'elle en constate, du haut de son balcon, l'entrée et la sortie.

— Comment donc a-t-elle pu se décider à te laisser revenir à Paris, elle qui, lors de ton premier et unique séjour dans la grande ville, n'a pas voulu se séparer de toi pendant plus de trois mois?...

— Oh! mon cher, c'est là le sujet de toute une histoire que je te raconterai plus tard — si tu le permets — car, quant à présent, je meurs de faim et je tombe de fatigue. — Douze heures consécutives de chemin de fer, de Nantes à Paris, précédés du trajet en diligence de Brest à Nantes, ne vous laissent que très médiocrement la jouissance de vos facultés intellectuelles. — Ce qui m'importe en ce moment, c'est de savoir où tu me conduis.

— Comment, où je te conduis?...

— Mais, il me semble...

— Je te conduis chez moi — ou plutôt chez toi... — interrompit Maurice.

— Comment!... tu ne me mènes pas à l'hôtel?...

— Non, certes! — Tu m'annonçais dans ta dernière lettre, que ton séjour à Paris durerait au moins une année — j'ai pensé que ce laps de temps était assez long pour qu'il fallut songer à t'installer confortablement. — Un petit logis de garçon était vacant dans la maison que j'habite — je l'ai loué — j'y ai fait apporter quelques meubles, et, à l'heure qu'il est, tout est prêt pour t'y recevoir — tu trouveras chez moi, ce matin, lit, bon feu et table mise. Cela te convient-il ?...

— Si cela me convient ? — Mais je le crois bien que ça me convient !... c'est à-dire que je trouve ton idée admirable !... — de cette façon, nous allons presque vivre ensemble.

— J'y compte bien !...

— Oh ! la bonne et charmante existence que nous allons mener !...

— Délicieuse !

— C'est-à-dire que, d'avance, l'eau m'en vient à la bouche ! — Cette année passera comme un songe !...

— Me permets-tu une question ?

— Non pas une, mais dix, mais cent !

— Eh bien ! mon cher ! ce gros porte-feuille que je vois sous ton bras pique singulièrement ma curiosité...

— Ah ! ah ! — fit Gilbert avec un sourire — tu l'as remarqué ?

— Dame ! à moins d'être complétement aveugle...

— Le fait est qu'il est monumental — je ne fais point difficulté d'en convenir. .

— Que diable contient-il donc ? — Serait-il, par hasard, bourré de billets de banque.

Gilbert prit un air au moins aussi solennel que celui du douanier dont nous avons constaté la dignité dans l'exercice de ses fonctions.

Il frappa sur le portefeuille, et il répondit :

— Là-dedans, mon cher, il y a mieux que des billets de banque... — il y a le fruit de dix-huit mois de travail — il y a la gloire et la fortune de l'avenir — il y a des millions peut-être — peut-être l'immortalité...

— Une source du Pactole?... une tranche du Pérou?... un bras du Sacramento?... une fraction des placers californiens?...

— Il y a — poursuivit Gilbert avec un redoublement de gravité — il y a là-dedans une comédie en trois actes et en prose pour le Théâtre-Français, et le plan d'un drame en cinq actes et non moins en prose pour la Porte-Saint-Martin...

— Ah! ça, mais — s'écria Maurice — que me dis-tu là ?

— L'exacte vérité.

— Tu fais donc de la littérature ?

— C'est sur elle que je compte pour aller à la postérité en ta compagnie...

— A la bonne heure!... mais au moins ce n'est pas sur elle que tu comptes pour *rouler carrosse* ici-bas ?...

— Et pourquoi cela!... J'espère bien vivre de ma plume...

— Et, surtout, des dix bonnes mille livres de rentes que ta mère te conserve...

—Crois-tu donc, Maurice, que je ne pourrai point parvenir à la fortune en suivant la noble carrière des lettres?...

— Je ne crois rien ; mais j'imagine que ce n'est pas sur la réussite de tes espérances littéraires que tu hypothèques tes dîners quotidiens de la présente année?...

— Mais, à te vrai dire, je ne pense pas m'illusionner beaucoup en espérant retirer de mon travail quelques bénéfices immédiats. — Je n'ai même accepté qu'à mon corps défendant une traite de mille écus que ma mère m'a donnée sur un des banquiers de Paris. — Je voulais arriver ici avec quelques louis seulement — le temps de présenter ma comédie — de la faire recevoir et mettre en scène. Oh ! tu verras, mon cher Maurice, tu verras, aussitôt que j'aurai fait les démarches nécessaires, comme on reconnaîtra vite la valeur de mon œuvre !... — Avant trois mois tout Paris applaudira mon nom ; et, chaque soir, de magnifiques droits d'auteur viendront faire déborder ma caisse...

— En attendant ces succès, dont je te vois si certain — fit Maurice en souriant — nous allons déjeûner, car nous voici arrivés.

— Est-ce que tu demeures loin du Théâtre-Français ? — demanda Gilbert avec quelque inquiétude en descendant de voiture.

— Pas extrêment — un quart d'heure ou vingt minutes, à pied.

— C'est que, vois-tu, je compte, dès demain, aller prendre l'air des bureaux et solliciter une lecture...

— Au moins, tu ne perds pas de temps, toi, mon cher!...

— Il me faut une décision avant huit jours!...

— Si tu l'obtiens avant la fin de l'année, tu seras diantrement favorisé! — murmura l'artiste tout en payant le cocher.

Puis, se tournant vers son ami qui n'avait pas quitté son précieux portefeuille, il ajouta :

— Allons, montons chez moi — mon domestique va descendre chercher ton bagage.

Cinq minutes plus tard, les deux amis attablés devant un excellent déjeûner et en présence d'un feu pétillant, vidaient une bouteille de vieux vin de Bordeaux pour célébrer le plaisir qu'ils éprouvaient en se retrouvant ensemble.

IV

Récit commencé.

— Veux-tu que je t'offre à l'instant même un échantillon de ma comédie?... deux ou trois cents lignes, seulement? — demanda Gilbert tout en savourant à petites gorgées l'excellent café que Joseph venait de verser dans une charmante petite tasse de vieux Japon placée devant lui.

— Plus tard, plus tard, mon ami — répondit en riant Maurice qui roulait entre ses doigts une cigarette avec toute la proverbiale habileté d'un tauréador émérite. — Je t'avoue franchement que je serais en ce moment un auditeur très profane et très inattentif, et, par conséquent, tout à fait inhabile à saisir et à apprécier les grâces de ton style et les charmes de ton esprit. — Avant de connaître le résultat, sans doute heureux, de tes travaux, je serais extrêmement désireux d'apprendre par quelle série de circonstance, tu es arrivé à vouloir te faire un nom dans les lettres. Il y a trois ans que nous ne nous sommes vus, et, à cette époque, s'il m'en souvient bien, tu te montrais disposé à entreprendre des opérations commerciales, semblables à celles qui ont permis à ton père d'amasser honorablement une jolie fortune dans les armements maritimes. — N'avais-tu pas l'intention de t'associer avec l'un des principaux armateurs de Brest?...

— Mon cher ami, ta mémoire est fidèle et tes souvenirs te servent avec une exactitude merveilleuse...

— Tu en conviens?

— Parfaitement.

— Explique-moi donc comment et pourquoi un changement si absolu s'est manifesté dans tes idées et t'a brusquement jeté dans une voie si différente de la première.

— Il me serait facile, tu le comprends, de te faire à ce sujet une longue tirade, très montée de ton, très flamboyante de style, très inspirée, très poétique, un sujet de la révélation instantanée de ma vocation littéraire... Je pourrais te parler de la langue de feu descendant sur mon front pendant mon sommeil, et ajouter en travestissant un beau vers de M. de Lamartine :

« Quand je me réveillai, j'étais poète !... »

» Je préfère t'avouer tout bonnement, tout franchement, tout rondement, la simple et prosaïque vérité...

« Peut-être bien y perdrais-je quelque peu de mon prestige à tes yeux... »

— Rassure-toi à cet égard — interrompit Maurice en riant — ce prestige n'existe pas encore — je ne te vois aucune auréole...

— A la bonne heure! — Dans tous les cas, je préfère que tu croies moins à ma vocation et plus à ma confiance, et je te confesse que l'amour des belles-lettres me fut inspiré par un autre amour...

— Ah! ah!... Ainsi donc, vous êtes amoureux, monsieur le poète...

— Très parfaitement! — Je suis épris — comme on disait jadis — d'une belle et charmante jeune fille, dont mon cœur reproduit sans cesse l'image, ainsi qu'un fidèle daguerréotype, et dont le souvenir occupe incessamment ma pensée...

— Je demande une explication, et surtout des détails...

— Je vais te donner l'un et l'autre.

— Fort bien.

— Explication et détails seront peut-être un peu longs...

— Tant mieux !

— C'est que, vois-tu, je n'aime pas à ce qu'on vienne m'interrompre au plus beau moment...

— Je te consacre toute ma journée, et rien ne viendra nous interrompre, du moins je l'espère..

— A merveille !..!

— Parle donc avec tout autant de développements oratoires que tu le jugeras convenable. — Ton récit sera bien accueilli et religieusement écouté.

— Bravo!—tu es un auditeur comme je les aime!...

— Fichtre! tu n'es pas difficile! — Ces messieurs les orateurs de la chambre législative et du sénat voudraient bien, quand ils montent à la tribune, rencontrer quelques auditeurs aussi favorablement disposés que moi.

— Je ne suis point à la tribune et je me passerai d'eau sucrée — seulement, verse moi, je te prie, un petit verre de ce vieux rhum, dont j'apprécie après le copieux déjeûner que tu viens de m'offrir, les qualités toniques et digestives...

— Voici...

— Donne-moi un cigarre...

— Voilà.

— Un peu de feu, s'il te plaît...

— La lampe à esprit-de-vin est sous ta main.

— Allons, tout est décidément pour le mieux dans le meilleur des mondes, comme au temps de Pangloss. — mon rhum est absorbé — mon cigarre est allumé — je commence...

— Et moi j'écoute...

— Tu sais que, lorsque j'eus le malheur de perdre mon père, j'étais encore au collége ?

— Je sais cela.

— J'avais quinze ans à peine, et ma mère, ne pouvant continuer seule la gestion de notre maison de commerce, se décida à la vendre à l'un de nos parents...

— Tu m'as déjà raconté cela dix fois.

— Que diable, mon cher, laisse-moi

donc commencer par le commencement !
— toute pièce bien faite doit avoir son exposition au premier acte ! — Le chemin que je prends est un peu long, c'est vrai, mais c'est le seul qui me conduise au but...

— Va donc! je ne l'arrêterai plus.

— Merci. — Donc ma mère vendit, mais elle me réserva par une clause spéciale le droit de pouvoir, moyennant un apport de fonds arrêté d'avance, m'associer au nouvel acquéreur lorsque j'aurais atteint ma vingt-troisième année.

— C'était sage et prudent, c'était la pensée et l'acte d'une bonne mère...

— Tu sais si ma mère est prudente et bonne... — Dès que j'eus terminé mes études, j'entrai dans la maison de commerce en qualité de commis, dans le but de me mettre le plus promptement possible au courant des affaires et de pouvoir ainsi rendre l'association projetée réalisable et fructueuse...

— Je crois me souvenir — interrompit Maurice — que ton voyage à Paris devait précéder de quelques mois seulement ton entrée définitive dans l'ancienne maison de ton père en qualité de co-associé...

— Tu te souviens bien, mais tu devrais ajouter, mon cher ami, que ce voyage dont tu parles a eu lieu au commencement de l'année de 1848, et que, quinze jours après notre retour à Brest, la République était proclamée, et qu'en Bretagne comme à Paris, au lieu de faire des affaires on cassait les vitres en criant:

Des lam-pions ! — des lam-pions! — des lam-pions !

— Hélas ! — murmura Maurice avec un accent tragi-comique — vive la République ! — *liberté! égalité! fraternité!* — les artistes étaient *libres* de mourir de faim !...

— L'*égalité* de la misère cessait d'être un vain mot, et au nom de la *fraternité*, les républicains de la veille détroussaient au coin des rues leurs malheureux frères du lendemain !!...

— Donc! cette charmante révolution porta au commerce un coup terrible, et que tout le monde, alors, croyait devoir être mortel. — Nos ports de mer s'en ressentirent cruellement. — Les faillites et les ruines complètes se succédèrent de toutes parts — les maisons les plus solides jusqu'à ce jour néfaste, chancelèrent sur leur base ébranlée, et la panique fut plus grande encore dans les provinces de l'Ouest qu'à Paris...

— Pardieu! je le crois bien!... vous aviez les commissaires extraordinaires —

— De bien gracieux gentilshommes!! — s'écria Gilbert — on les reçut, je dois le dire, comme ils le méritaient, mais leur seule présence avait produit un effet irréparable.

« Le successeur de mon père ne fut pas plus épargné que tous ses confrères.

» Il eut à subir des pertes immenses.

» Cependant, grâce à son importante fortune personnelle, grâce aussi à sa probité sans tâche et à sa réputation bien établie, il trouva le moyen de faire face à tout, et il ne succomba pas.

» En face de cet effroyable cataclysme

commercial, ma pauvre mère s'effraya pour l'avenir.

» Nous ne possédons que dix mille livres de rentes, comme tu le sais.

» Pour faire l'apport convenu, il fallait réaliser la moitié du capital — il fallait perdre sur cette réalisation — il fallait aventurer ses capitaux dans une industrie menacée et presque agonisante.

» Ma mère ne put s'accoutumer à l'idée d'engloutir dans un gouffre peut-être sans fond le fruit des travaux de toute une vie laborieuse.

» Elle recula.

» Elle me supplia de renoncer à mes idées commerciales — elle me demanda de tâcher de me créer une position indépendante dans quelque carrière libérale, où, du moins, je n'aurais pas à subir des chances de ruine foudroyante.

» Un simple désir de ma mère devait être un ordre pour moi.

» Je dois t'avouer d'ailleurs que je n'eus pas grand mérite à me plier à sa volonté, et que ses résolutions nouvelles ne me contrariaient que médiocrement.

» Le commerce ne me tentait pas outre mesure — j'avais embrassé cette carrière, bien moins à cause de l'amour infiniment modéré qu'elle m'inspirait, que parce que j'avais passé ma vie tout entière à entendre dire que c'était la seule qui fût ouverte devant moi.

» Je quittai donc au plus vite la maison dans laquelle je n'avais plus l'espoir fondé d'être maître un jour, et, pour tuer le temps en occupant mes nombreux loisirs, je pris en main la gestion de notre modeste fortune.

» Or, tu le comprends sans peine, cette gestion était à très peu de chose près une sinécure, et j'étais souvent bien embarrassé pour remplir le vide de mes journées.

» J'ai toujours eu l'oisiveté en horreur! — je ne suis pas de ces gens qui passent sans ennui des journées entières à fumer des cigares sur les quais ou sur la jetée en échangeant des propos oiseux avec les désœuvrés de leur sorte, ou qui, les deux coudes sur le marbre terni d'une table de café, lisent les journaux, depuis le premier Paris jusqu'au nom de l'imprimeur — absorbent des absinthes, des grogs et des choppes, et jouent au bésigue, au piquet ou aux dominos, du matin jusqu'au soir, du premier janvier à la saint Sylvestre.

» Je ne prétends point me faire un mérite de ce que je viens de te dire — j'éprouve pour l'*inoccupation* une aversion inouie et invincible.

» Je cherchai donc avec ardeur un moyen quelconque de satisfaire l'activité de ma nature.

» J'eus la pensée d'entrer dans la marine et d'arriver promptement, grâce à mon instruction acquise, au commandedement d'un des nombreux navires de commerce frétés dans notre ville.

« Malheureusement pour cette vocation naissant — qui, d'ailleurs ne me préparait qu'un avenir assez médiocre — la mer est une ennemie sournoise qui me mit à une rude épreuve. — Je souffris d'une si abominable façon pendant une première et très courte expédition sur les côtes de Bretagne, que je revins à tout jamais guéri de ma passion momentanée pour les vagues — pour l'odeur du goudron — pour le tangage et pour le roulis.

« Après cette tentative infructueuse, je retombai dans mon désœuvrement primitif et je reçus une nouvelle visite de l'ennui — non moins implacable et non moins obstiné que l'Océan lui-même.

« Ne sachant plus à quel saint ou à quel diable me vouer, je me mis à aller dans le monde...

Ici Gilbert s'interrompit.

— Pourquoi ris-tu? demanda-t-il à Maurice.

— Pourquoi — répondit ce dernier — il fallait qu'en effet le mal fut bien grave pour te contraindre à employer des remèdes aussi désespérés!!...

— Le mal était terrible mon cher !...
— J'allai de préférence dans la maison d'un très riche armateur, ancien et intime ami de mon père.

« Cet amateur avait une fille unique...

— Nous y voici... — pensa Maurice...
Gilbert reprit :

— Cette fille unique, dont je te ferais le portrait, si j'avais la palette et les pinceaux de Greuze, était tout simplement un ange de beauté, de grâce et de candeur.

« Elle s'appelait Marguerite-Henriette,

de par la volonté de son parrain et de sa marraine, et mademoiselle Clément par la grâce de ses ancêtres paternels...

« Tu vas me demander peut-être pourquoi je m'aperçus si tard des rares mérites d'un jeune personne avec laquelle je vivais depuis mon enfance.

— Je ne te demanderai pas cela du tout! — interrompit Maurice.

— A ceci je te répondrai — poursuivit Gilbert qui tenait à ne point perdre la forme littéraire de son récit — à ceci je te répondrai que Marguerite a sept ans de moins que moi et que jusqu'alors je l'avais considérée tout bonnement comme une gracieuse enfant à laquelle j'apportais souvent des bonbons...

« Pendant ce court voyage maritime

dont je t'ai parlé et qui m'avait si mal réussi, Marguerite atteignit sa dix-septième année.

« En quelques mois une transformation complète s'était opérée en elle.

« En partant j'avais quitté une petite fille — du moins elle me semblait telle.

« En revenant je retrouvais une jeune fille.

« Sa beauté s'était en quelque sorte métamorphosée par le développement de ses formes délicates — je ne sais quel charme irrésistible émanait de toute sa personne — il y avait autour d'elle comme une atmosphère de chasteté, et, en même temps, comme un parfum d'amour— enfin, des prunelles de ses grands yeux bleus si limpides et si doux commencait à rayonner un fluide magnétique, qui...

— Qui te perça le cœur d'un nombre incommensurable de flèches empruntées au mythologique carquois du malin petit dieu Cupidon !... — acheva Maurice en riant.

Gilbert partagea franchement l'accès de gaîté de son ami.

Puis il continua :

— J'allais exprimer la même pensée, en un style peut-être un peu moins anacréontique — mais, si la forme est légèrement différent, le fond est identique, et c'est l'essentiel. — Bref, je devins amoureux de Marguerite, — oh ! mais amoureux comme les amoureux les plus amoureux des romans bucoliques d'Auguste Lafontaine!

Après m'être assuré que je ne déplaisais pas trop à ma bien-aimée...

— Comment dis-tu ? — interrompit vivement Maurice.

Gilbert répéta sa phrase.

— Ah ! tu t'es assuré de cela ?...

— Il le fallait bien.

— Il y a donc entre vous une façon d'entente cordiale ?...

— Je te le confie avec ivresse !... Je verse ce secret dans ton sein...

— Verse, mon ami !... verse ! en fait de discrétion, feu le dieu du silence n'était que bien peu de chose auprès de moi...

— Enfin, je l'adore, et elle m'aime ! j'en ai la certitude !... Suis-je un mortel assez heureux !...

— Très heureux assurément — mais...

— Mais, quoi? pourquoi ce *mais*?— Ce *mais* m'inquiète...

— Je voulais dire qu'il ne tient qu'à toi d'être plus heureux encore...

— Et, comment cela, mon Dieu?...

— En épousant mademoiselle Marguerite, cela vaudra mieux, ce me semble, que de composer des comédies et des drames, — quel que soit d'ailleurs ton mérite...

— Hélas! l'un ne va pas sans l'autre...

— Les comédies et les drames sont nécessaires à ton mariage?...

— Indispensables!...

— C'est une énygme?...

— En veux-tu le mot?

— Certes!!.

— Alors, laisse-moi poursuivre...

— J'écoute.

— Je te dirai donc que, lorsque je fus bien assuré de ne rencontrer aucun obstacle du côté de la jeune fille, je suppliai ma mère de faire une démarche immédiate auprès de monsieur Clément.

— Ce qu'elle refusa ?

— Du tout.

— Alors — interrompit de nouveau Maurice — le dit Clément s'empressa de t'accorder la main de mademoiselle Marguerite, comme à un honnête et excellent garçon que tu es...

— Hélas! — modula Gilbert pour la seconde fois.

— Bah ? est-ce que tu aurais été repoussé ?...

— Pas précisément.

— Ah! ça, entendons nous! — ta mère

lui demandant pour toi l'honneur d'entrer dans sa famille — aussitôt la supplique présentée, il a dû, ce me semble, répondre catégoriquement par un *oui* ou par un *non*! — il t'agrée ou il te refuse! — il n'y a pas de moyen terme possible...

— C'est ce qui trompe...

— Il y en a un?

— Oui.

— Lequel?

— Je vais te le dire...

V

Le modèle.

Au moment où Gilbert se préparait à continuer sa narration, la porte donnant accès dans l'atelier s'ouvrit — la portière se souleva et Joseph parut sur le seuil.

— Monsieur... — fit-il en s'adressant à Maurice.

— Eh bien?...

— On demande monsieur...

— Je n'y suis pas! — s'écria l'artiste vivement.

Le domestique eut un air embarrassé et ne quitta point la place qu'il occupait sous la portière dont sa main droite écartait les plis soyeux.

— C'est que — reprit-il après une seconde de silence — c'est que, monsieur, c'est une dame...

— Ah! scélérat — dit alors Gilbert en riant — on vient te relancer jusques chez toi!... jolie conduite!!...

— Ma parole d'honneur! — répliqua

Maurice — je ne sais pas ce que veut dire cet imbécile de Joseph !...

— Imbécile, monsieur, c'est bien possible — fit ce dernier avec dignité — mais j'affirme que le fait que j'avance est parfaitement vrai...

— Une dame me demande ?

— Oui, monsieur.

— Où est-elle cette dame ?

— Elle attend là à côté, dans l'atelier.

— A-t-elle dit son nom ?

— Dame ! monsieur, je ne le lui ai pas demandé.

— La connais-tu de vue ?

— Elle n'est jamais venue ici.

— Que désire-t-elle ?

— Parler à monsieur.

— Est-elle jeune ?

— Dans les environs de dix-sept à dix-huit ans.

— Et jolie ?...

— Ah ! je crois bien !... Des joues blanches et unies comme celles des déesses des tableaux de l'atelier de monsieur — des yeux longs comme mon bras — une bouche plus petite et aussi rouge qu'une cérise de Montmorency — les mains d'un enfant de dix ans... — Voilà son portrait, avec la permission de monsieur...

— Ah ! ça, mais ! — fit Gilbert — sais-tu bien que tout cela est terriblement séduisant !... — Allons, trop heureux coquin, je vais te laisser en tête-à-tête avec cette belle inconnue — que tu connais, je crois, un peu plus que tu ne voudrais en avoir l'air... — Tu comprends que je ne veux pas risquer de l'effaroucher par ma présence... — Par où s'en va-t-on d'ici ?...

— Je te répète une fois de plus, mon cher Gilbert, que tu es dans la plus complète erreur... — Je suis en ce moment le garçon le plus libre, et le célibataire le plus dégagé de toute entrave amoureuse qui se puisse rencontrer sous la calotte du firmament. — J'ai rompu il y a huit jours avec ma dernière maîtresse.

— Peut-être est-ce elle qui revient.

— On voit bien que tu ne connais pas mademoiselle Blondine, membre du corps de ballet de l'Académie impériale de musique et de danse ! — répliqua le peintre en souriant — s'il lui prenait fantaisie de me rendre visite, l'aimable enfant n'est pas fille à attendre aussi patiemment dans l'atelier qu'il me plaise de la recevoir... — Elle aurait violé la consigne en fredonnant une mazurka ou le refrain du sire de *Franc-Boisy!* — Elle serait déjà à table — elle aurait fait trois cigarettes et bu dans tous les verres!... — D'ailleurs Joseph la reconnaîtrait. — Reste donc là, je t'en prie. — Je vais recevoir en ta présence cette inconnue bien réellement inconnue...

Puis Maurice, s'adressant au valet qui attendait toujours, reprit :

— Joseph, fais entrer.

Joseph souleva la portière qu'il avait laissée retomber, et parlant à la personne qui attendait dans l'atelier, il dit :

— Si madame veut bien se donner la

peine d'entrer, monsieur va recevoir madame...

Et il s'effaça le long du chambranle pour livrer passage à la visiteuse matinale.

Cette dernière était une jeune fille ou une jeune femme de dix-huit ans à peu près, dont la figure charmante et pâle portait la touchante empreinte de la souffrance et de la résignation.

Sa mise — gracieuse mais extrêmement modeste — se recommandait par le soin extrême et l'exquise propreté qui avaient présidé à chacun de ses détails.

Elle portait une robe de laine à carreaux écossais, verte et bleue.

Son corsage de drap noir, montant très haut, dessinait les contours fermes et corrects d'une poitrine admirablement modelée.

Sa jupe un peu courte laissait apercevoir l'extrémité d'une bottine noire chaussant le pied le plus joli — le plus fin — le mieux cambré qu'il fut possible de rencontrer.

Un col plat, tout uni — des manches blanches, garnies de broderies anglaises, — un châle tartan à grands carreaux gris et bruns, drapé avec une élégance de bon goût et accusant la cambrure de la taille et la saillie des hanches, complétaient ce modeste habillement.

Un petit chapeau de feutre noir, garni de rubans d'un bleu sombre, encadrait l'ovale pur du visage et les bandeaux épais de magnifiques cheveux blonds naturellement ondés.

Des gants de feutre gris abritaient les mains et ne parvenaient point à en grossir les formes mignonnes. — C'étaient bien, — ainsi que l'avait dit Joseph dans son naïf enthousiasme — les mains d'un enfant de dix ans.

En apercevant les débris d'un repas très complet et deux jeunes gens encore à table la visiteuse s'arrêta sur le seuil au lieu d'avancer, et baissa les yeux avec un embarras manifeste.

Maurice qui s'était levé en la voyant entrer, fit quelques pas au-devant d'elle et lui offrit un siége.

— Vous m'avez fait l'honneur de désirer

me parler, madame? — lui demanda-t-il d'un ton respectueux.

— J'ai demandé M. Maurice Torcy — répondit la jeune femme en restant debout.

— C'est moi, madame. — Oserais-je vous prier de vouloir bien me dire à quoi je dois le plaisir de votre visite?

— Oh! monsieur, c'est bien simple — hier, dans l'atelier de M. Eugène Delacroix, mon père a entendu dire que vous cherchiez un modèle de madone, et il m'a envoyée chez vous ce matin...

— Ah! vous êtes poseuse — fit Maurice.

— Oui, monsieur...

Le jeune homme fit claquer ses doigts — se laissa retomber sur le fauteuil qu'il avait quitté un instant auparavant — reprit son cigare qu'il ranima par une vigoureuse aspiration — croisa ses jambes l'une sur l'autre — enchâssa dans l'arcade sourcilière de son œil droit son lorgnon qu'il braqua sur la jeune fille — puis il continua d'un ton toujours poli, mais infiniment plus dégagé :

— Voyons, asseyez-vous, ma petite — nous pourrons peut-être nous entendre. Pour quelle partie du corps posez-vous?...

— Pour la tête, le cou, les bras et les mains, monsieur.

— Voilà tout?

— Oui, monsieur.

— Ne poseriez-vous pas le torse, au besoin.

— Non, monsieur.

— Pourquoi donc?

La jeune fille rougit et ne répondit pas.

Maurice fit claquer ses doigts de nouveau.

— Comment vous nommez-vous? — demanda-t-il au bout d'un instant.

— Léontine, monsieur.

— Léontine quoi?

— Léontine Aubry.

— C'est singulier! — je n'ai jamais entendu parler de vous, et je croyais connaître — au moins le nom — tout ce que Paris renferme de modèles des deux sexes...

— Il n'y a pas longtemps que je fais ce métier, monsieur.

— Combien de temps ?

— Deux mois, à peu près...

— Deux mois... — vous devez être au courant des habitudes d'atelier ?

— Oui, monsieur... — balbutia la jeune fille tandis que sa rougeur augmentait.

— Otez votre chapeau, mon enfant — continua Maurice — posez-le là, sur ce meuble...

La jeune fille obéit.

— Joseph — poursuivit l'artiste — ouvre les rideaux tout au large, afin que le jour tombe en plein sur mademoiselle... — bien, c'est cela...

Il se tourna vers le modèle et il ajouta :

— Maintenant, je vous prie, posez-vous de trois quarts...

La jeune fille suivit l'indication de l'artiste.

Toute rose de pudeur et d'émotion — ses splendides cheveux blonds négligemment noués sur sa tête ou les dents d'un peigne de buffle ne pouvaient qu'à grand peine fixer leurs masses opulentes et rebelles, elle était ravissante.

Maurice se recula de quelques pas pour chercher son *point de vue* — il resta pendant quelques secondes immobile — il changea de position pour examiner Léontine sous une autre face, et il murmura en se parlant à lui-même, d'une voix basse, mais cependant très intelligible :

— Très bien, en vérité!... très beau!... très complet!...

» La galbe est d'une pureté idéale...

» L'ovale parfait...

» Le front virginal...

» Les joues d'un velouté ravissant...

»Le nez fin et correct... — les narines petites et dilatées... — la bouche d'un dessin raphaëlique!...

Il interrompit son monologue pour dire à la jeune fille :

— Veuillez regarder au plafond, mademoiselle... — La tête un peu plus inclinée... — c'est cela... c'est cela même... — l'expression des yeux est touchante — les prunelles veloutées — les paupières longues — les cils recourbés!... allons, tout cela est parfait!!...

» Penchez légèrement la tête à droite...

» Encore un peu...

» Oui — c'est cela — restez ainsi.

» Les attaches du cou sont d'une perfection remarquable ! — les chairs chaudes et solides — les reflets transparents!... — allons, c'est l'idéal !!..

En parlant ainsi, Maurice qui s'animait peu à peu, oubliait complétement qu'il se trouvait en présence d'une créature animée et intelligente.

Ce n'était plus un homme contemplant la beauté d'une femme. — C'était l'artiste entrevoyant la réalisation d'un rêve longtemps caressé — et rencontrant enfin ainsi que nous venons de le lui entendre dire à lui-même, le type idéal qu'il ne lui restait plus qu'à copier pour produire une œuvre éclatante.

Il ne songeait pas qu'un cœur pouvait

battre sous les contours si purs de cette gorge de jeune nymphe.

Il oubliait complétement que l'être admirable qu'il contemplait et qu'il détaillait ainsi, fut de chair et d'os, au lieu d'être de cire ou de marbre.

Aussi les paroles qu'il laissait échapper dans son enthousiasme, ces paroles qui eussent effarouché peut-être la timide pudeur d'une vierge candide et appelé un sourire sur les lèvres d'une courtisane — ces paroles, disons-nous, avaient quelque chose de si chastement artistique — on comprenait si bien que nulle idée profane ne pouvait naître en ce moment dans l'esprit de l'homme qui les prononçait, que Léontine les écouta sans rougir de confusion, ou sans sourire de coquetterie.

Quand Maurice eut terminé ce commencement d'examen, il s'approcha du modèle.

— Maintenant — dit-il — voyons un peu les mains et les bras.

La jeune fille ôta ses gants qu'elle posa près de son chapeau.

Elle dégraffa ses manches blanches qu'elle plia avec soin, et relevant les manches larges de son corsage, elle tendit au peintre un bras rond, blanc et poli comme de l'ivoire.

— Les mains sont un peu maigres — murmura Maurice en les examinant avec attention — mais elles sont merveilleusement modelées. — Les jointures sont fines et délicates — les veines un peu saillantes mais c'est probablement l'effet du froid —

les ongles sont remarquables de forme et d'élégance...

» Puis passant au bras...

» Ah! — s'écria-t-il — voici des attaches et un poignet comme je n'en avais jamais rencontrés !... quelle correction !... quelle *sveltesse* !... le bras est d'un modèle antique !... — c'est admirable !... c'est inespéré !... — mon enfant, nous pourrons nous entendre...

» Remettez votre chapeau si vous voulez...

» Ah ! encore une question, cependant...

La jeune fille, qui déjà venait de reprendre son petit chapeau et s'apprêtait à le placer sur sa tête, s'arrêta dans son mouvement.

Maurice toucha du bout du doigt les blondes torsades de la chevelure de Vénus aphrodite dont nous avons parlé.

— Tous ces cheveux-là sont-ils à vous ?... — demanda-t-il.

A cette brusque question, la jeune fille — de rose qu'elle était — devint pourpre.

Maurice, s'apercevant qu'il l'avait blessée involontairement, lui prit la main avec bonté, et continua :

— Ne croyez pas que j'aie eu le moins du monde la pensée de vous humilier, ma chère fille ! — J'oubliais qu'il n'y a que deux mois que vous posez, et que, par conséquent, vous ne pouvez être encore parfaitement familiarisée avec notre manière d'agir, à nous autres artistes... — Voyez-vous, il ne faut pas exiger de nous, en tout ce qui touche à l'art, les formes recherchées et la politesse de convention des gens du monde!...

» Ce que nous voyons dans un modèle, ce n'est pas la femme faite pour charmer, et pour séduire les sens et le cœur — c'est la perfection de cette adorable maîtresse qui, pour nous, passe avant tous les autres amours, et qu'on appelle la nature!...

» Encore une fois, pardon pour la question que je vous ai faite... — je ne doute pas de la réalité des richesses dont le Créateur vous a douée... — Dans tous les cas, l'invraisemblable beauté de votre chevelure aurait rendu mon doute excusable.

Pour toute réponse, Léontine enleva vivement son peigne.

Elle détacha deux ou trois épingles, et, secouant la tête, elle fit ruisseler autour d'elle les flots crespelés de sa chevelure blonde dont les mèches soyeuses roulèrent jusqu'à ses pieds, l'enveloppant d'un manteau royal, tout à fait semblable — sauf la couleur — à celui dont parle Musset :

« Son flanc souple et sa hanche ronde,
» Sa chevelure qui l'inonde,
» Plus longue qu'un manteau de roi !... »

Involontairement, on pensait à cette ravissante expression du vieux poète Théophile : — *Je voudrais baigner mes mains dans les ondes de tes cheveux !...*

Expression que ce cuistre bâté qu'on appelle M. de La Harpe, signale comme absurde et ridicule au premier chef, dans son prétendu *Cours de littérature*, indigeste et grotesque ramas d'inepties, à l'usage des pédants de son espèce.

Maurice et Gilbert poussèrent simultanément un cri d'admiration.

La jeune fille était, en ce moment, d'une prestigieuse beauté.

Sa physionomie, rayonnante de candeur et d'innocence — (notons en passant que nous ne prétendons point affirmer que Léontine fut réellement candide et pure — nous l'ignorons, jusqu'à présent, complétement. — Nous nous bornons à constater l'expression de son visage, sans savoir si cette expression était le réel reflet de son âme). — Sa physionomie, disons-nous, entrevue à travers ces masses flottantes et dorées, resplendissait d'une beauté vraiment surhumaine.

Maurice, émerveillé, frappa dans ses mains et applaudit comme s'il eut été au théâtre.

— C'est merveilleux! s'écria-t-il ensuite. — Je tiens mon tableau et, aussi vrai que je me nomme Maurice Torcy, ce tableau sera un chef-d'œuvre!... — Ma belle enfant, vous avez un visage et des cheveux qui feront votre fortune!! — Vous gagnerez de l'argent autant que vous en voudrez!!...

— Que Dieu vous entende, monsieur! — murmura la jeune fille, en relevant sa chevelure, en la tordant et en la renouant, non sans peine, avec un geste plein de décence et de charme.

— Il m'entendra — gardez-vous d'en douter!... — Allons, c'est convenu — je vous retiens et, dès demain, à neuf heures précises, vous viendrez poser ici!... Je compte sur vous, n'est-ce pas?...

— Ne pouvez-vous donc pas me faire travailler aujourd'hui, monsieur? — balbutia timidement la jeune fille.

— Aujourd'hui?...

— Oui, monsieur.

— C'est impossible. — Je ne toucherai pas un pinceau de la journée.

Une expression de morne et profond découragement se peignit sur le beau visage du modèle.

— Oh! mon Dieu, que vais-je dire, alors? — fit-elle avec un gémissement, tandis que deux grosses larmes glissaient sous ses longs cils et roulaient, comme deux perles, sur ses joues subitement pâlies.

— Dire, à qui? — demanda Maurice.

— A mon père, monsieur...

— Eh bien, vous lui direz que vous avez de l'occupation pour demain...

— Oui, mais si je ne lui rapporte rien aujourd'hui...

— Qu'arrivera-t-il?...

— Il me frappera... — balbutia Léontine d'une voix éteinte.

— Il vous frappera!! — répéta Maurice avec indignation.

— Oui, monsieur...

— Pauvre enfant! — fit Gilbert qui, pour la première fois, prenait part à la conversation — il est donc bien dûr et bien brutal, votre père?...

La jeune fille ne répondit pas.

Elle baissa les yeux tristement et son silence fut la plus éloquente de toutes les réponses.

— Comment le nommez-vous? — demanda Maurice avec intérêt.

— Narcisse Aubry, monsieur...

— Que fait-il?

— Il est modèle.

— Je n'ai jamais entendu parler de lui.

— Il est plus connu dans les ateliers sous le nom de Léonidas.

— Léonidas! — s'écria Maurice — ah! oui, certes! je le connais!... un brutal, un ivrogne, un mauvais sujet, que j'ai chassé deux fois d'ici!! — et vous êtes sa fille!...

— ah! pauvre petite, je vous plains!... je vous plains de toute mon âme!...

— Vous êtes bon, monsieur...

— Allons, ne vous désespérez pas!... — je ne puis vous employer aujourd'hui, mais, comme je ne veux pas vous exposer aux tristes résultats du mécontentement de votre père, prenez cette pièce d'or — vous lui donnerez ce que vous jugerez convenable, et vous lui direz que, ne voulant pas que vous posiez pour d'autres en ce moment, je vous ai payé cette journée comme si nous avions travaillé...

— Oh! monsieur, comment vous remercier? — murmura Léontine avec une touchante expression de reconnaissance.

— Ne me remerciez pas, ma fille, ce sera plutôt fait, et revenez demain à dix heures. — J'aurai besoin de vous long-temps, et, quand vous me deviendrez inutile, je vous adresserai à plusieurs de mes amis, de véritables artistes, avec lesquels vous n'aurez, j'en suis sûr, que de bonnes relations... — Au revoir, mon enfant, à demain...

Léontine — qui avait rattaché sur sa tête son petit chapeau et repris ses gants, — salua gracieusement les jeunes gens et sortit, reconduite par Joseph.

VI

L'armateur.

— Quelle ravissante créature! — s'écria Gilbert lorsque la portière fut retombée après le départ de la jeune fille.

— Une adorable tête de madone!! — répondit Maurice avec exaltation — une trouvaille! une perle!... un diamant!... jamais je n'ai rien vu et presque rêvé d'aussi complétement, d'aussi irréprochablement beau!! — c'est le ciel protecteur des arts qui me l'envoie pour mon tableau du prochain salon!! — Que le diable m'enlève, j'y consens de grand cœur, si la toile que je vais commencer demain ne me fait point conquérir d'emblée mon brevet de grand artiste!...

Gilbert sourit de l'enthousiasme de son ami.

— Tu connais le père de cette enfant? — demanda-t-il ensuite.

— Parbleu je ne le connais que trop!...

— Et c'est un mauvais homme?...

— Une affreuse canaille! un drôle qui ne vaut pas la corde qui servira quelque jour à le pendre ! — Ce misérable a successivement exercé les métiers les plus honteux ! — c'est l'ignoble type du bohémien de Paris du plus bas étage ! — vingt fois il aurait dû passer en police correctionnelle et dix fois en cour d'assises !...

— Comment, c'est à ce point ?...

— Mais je le crois bien que c'est à ce point ! — la dernière fois que je m'en suis servi, je me suis aperçu, aussitôt après sa sortie de l'atelier, de la soustraction d'un porte-monnaie et d'une chaîne de montre...

— Et tu crois qu'il est l'auteur de ce vol ?

— J'en suis moralement certain, — malheureusement les preuves matérielles m'ont manqué, sans cela j'aurais cru faire œuvre pie en déférant aux tribunaux ce gredin de Léonidas...

— Et dire qu'un bandit de cette espèce est le père d'une adorable enfant comme celle qui sort d'ici!... — quel caprice bizarre, ou plutôt quelle monstruosité du hasard!... — on a bien raison de dire que les plus belles fleurs naissent parfois sur le fumier!...

— Oh! oh!... comme te voilà poétique!! — répliqua Maurice — prends garde, mon cher, il ne faudrait pas que Léontine te rendît infidèle, même en pensée, à la grâcieuse Marguerite Clément!!...

— Il n'y a pas le moindre danger. — J'admire comme toi, en artiste!

— A la bonne heure.

— Cette petite Léontine — du moins à en juger par sa physionomie — doit-être un ange de candeur et d'innocence...

Maurice fit claquer ses doigts — un geste qu'il affectionnait, nous le savons, dans certaines circonstances — et se mit à rire longuement et bruyamment.

— Tu doutes? — demanda Gilbert.

— J'en conviens.

— Et, pourquoi?

— Ah! mon pauvre Gilbert, si, comme moi, tu avais fait poser une centaine de saintes, de vierges et de madones, tu saurais à quoi t'en tenir sur les auréoles de chasteté et les physionomies archangéliques...

— Quoi! ces doux visages sont trompeurs?...

— Deux ou trois mille fois plus que l'onde — qui cependant est bien perfide, à ce que dit le vieux Will Sakespeare !... — ces chastes enfants, ces vierges si pures, sont le plus souvent, à peu de chose près, des prêtresses tarifées de la Vénus des carrefours...

— Ainsi, tu supposes que Léontine joue la comédie ?...

— Non pas ! — je suppose tout simplement que la nature l'a douée d'un candide visage, et qu'elle exploite cette dot à son profit, voilà tout, et entre nous elle est presque dans son droit... — d'ailleurs l'illusion serait plus difficile avec Léontine qu'avec toute autre...

— Pour quel motif ?

— Parbleu ! à cause de son père ! — le

très honorable Léonidas, crois-le bien, est homme à spéculer sur la beauté de Léontine de toutes les façons et à l'exploiter de toutes manières...

— Supposerais-tu donc?...

Gilbert s'interrompit.

— Oui, certes! — répondit Maurice à cette phrase inachevée.

— Mais ce serait infâme!!

— Comment, Gilbert, tu as la prétention de peindre le monde dans tes œuvres et voilà comme tu le connais!...
— atteindras-tu donc les vices et les plaies de la société avec les lanières de ton fouet d'auteur dramatique, si tu ne soupçonnes ni ces plaies, ni ces vices!! — Mais laissons là ce triste sujet!... — j'ai besoin de trouver en Léontine, non pas

une honnête fille, mais un admirable modèle ! — je ne lui demande pas autre chose que de m'apporter sa beauté qui m'aidera à composer un chef-d'œuvre ! — de ce côté, tout est pour le mieux ! — En attendant la séance de demain, reprenons, si tu le veux bien, la conversation à l'endroit où elle en était au moment où cette petite est venue l'interrompre, ce dont (soit dit entre parenthèse) je ne lui sais nullement mauvais gré, malgré le vif intérêt que je prenais à ta narration. — Tu me disais, je crois, que le père de mademoiselle Marguerite ne t'avait ni accordé ni refusé sa fille. — Ce qui me paraissait surprenant — et tu allais me donner l'explication que je te demandais à ce sujet...

— C'est cela même. — Je vais te fournir l'explication requise — mais, d'abord, passe-moi un autre cigare...

— Voici un regalia et voici du feu, — fume et parle.

Gilbert reprit :

— Je te disais donc que ma mère, cédant à mes instances réitérées, consentit à se rendre chez M. Clément. — Elle s'habilla — nous sortîmes ensemble, et je l'accompagnai jusqu'à la maison de l'armateur dont je lui vis franchir le seuil avec une apparence de résolution qui me charma.

» Je te répète que M. Clément était l'un des plus intimes amis de mon père — il me connaissait depuis mon enfance et il m'avait toujours accueilli avec une franche cordialité.

» Ma mère aimait Marguerite de tout son cœur et désirait vivement notre union. — Elle ne voyait d'obstacle, du reste, que dans la fortune de M. Clément qui est au moins quatre ou cinq fois plus considérable que la nôtre.

» Cependant l'affection, et je dirai presque la faiblesse de M. Clément pour sa fille unique, avaient une telle notoriété que ma mère espérait terminer heureusement une négociation qui devait avoir pour résultat mon bonheur, et aussi, il faut bien en convenir, celui de Marguerite.

— Fat! — fit Maurice en riant.
— Pourquoi fat?

— Parce que tu parais te croire tout à fait indispensable au bonheur de mademoiselle Clément.

— Tu interprètes mal ma pensée. — J'ai voulu dire seulement que si j'épousais Marguerite, j'étais bien sûr de la rendre, à force de tendresse, la plus heureuse des femmes.

— J'accepte l'explication.

— Tu es bien bon!...

— Pardonne-moi mon intempestive interruption, cher Gilbert, et continue...

— Tu comprends qu'en semblable occurrence et vis-à-vis d'un vieil et excellent ami, la diplomatie n'était pas de mise. — D'ailleurs ma mère croit fermement qu'aucune rouerie, si machiavélique qu'elle puisse être, ne conduit au but plus vite et mieux que la franchise. — Si c'est une erreur, c'est l'erreur des honnêtes gens...

» Donc, à peine assise dans le cabinet de l'armateur, elle entra résolûment en matière et aborda carrément le sujet de sa visite.

» M. Clément écouta sans sourciller la requête présentée en mon nom.

» Quand ma mère eut achevé, il hocha lentement la tête et garda le silence pendant quelques minutes.

» — Eh bien? — demanda ma mère inquiète.

» L'armateur lui prit la main en souriant.

» — Ma bonne madame Pascal — lui dit-il alors — vous savez que j'ai toujours aimé et toujours estimé Gilbert. —

C'est un honnête et excellent garçon, je le reconnais, et cependant je ne puis vous répondre catégoriquement tout de suite ainsi que vous le désirez...

» — Est-ce donc un refus ? — fit ma mère dont l'inquiétude redoublait, ce que tu dois facilement comprendre.

» — Je ne dis pas cela.

» — Mais, cependant...

» M. Clément l'interrompit.

» — Chère madame Pascal — fit-il — envoyez-moi Gilbert, je lui parlerai à lui-même...

» Il devenait impossible d'insister.

» Ma mère sortit, sans trop savoir ce qu'elle devait penser des réticences de M. Clément, et si je devais craindre ou espérer.

» Cependant il paraissait peu probable que l'armateur éprouvât le besoin de me foudroyer en face par un refus brutal...

» Cinq minutes après, j'arrivais en sa présence, violemment ému et le cœur tout *chaviré*, comme disent les marins.

» Sa brune et franche figure, pleine de bonhomie, me parut d'une effrayante solennité.

» Il me fit l'effet du Jupiter tonnant au moment de prononcer le classique : *Quos ego*...

» — Bonjour, mon garçon, bonjour! — fit-il en me tendant la main, et sans avoir l'air de soupçonner le moins du monde le motif de ma visite.

» — Bonjour, monsieur Clément, — lui

répondis-je avec un redoublement d'émotion et d'embarras.

» Pendant quelques secondes il attacha sur moi un vif et profond regard, sous lequel je baissai involontairement les yeux.

» Après ce temps de silence, il me frappa gaîment sur l'épaule en me disant :

» — Eh bien! mon gaillard, nous pensons donc aux jeunes filles! nous nous figurons donc que nous sommes amoureux!...

» — Je fais plus que me le figurer, monsieur, je vous affirme que cela est...

» — Oh! oh! est-ce Marguerite que tu aimes, ou bien sa dot?

» — Donnez-moi votre fille sans dot,

monsieur ; — disposez de votre fortune en faveur de qui vous voudrez, et vous verrez si Marguerite ne sera pas avec moi aussi heureuse qu'elle mérite de l'être...

» — Ah! ça, mais, fichu gamin, — s'écria M. Clément, — est-ce que tu t'imagines que je veux déshériter ma fille, par hasard?...

» — Je n'imagine rien...

» — Alors, pourquoi me dis-tu ce que tu viens de me dire?...

» — Je réponds à vos questions, et surtout à vos suppositions offensantes...

» — Dieu me pardonne! il me semble que tu te fâches!...

» — Dame! vous me dites des choses...

» — Je te dis ce que je veux, entends-tu! et, si tu n'es pas content, fahi gars, tu n'as qu'à me ficher le camp, vent arrière!!...

Ici Gilbert interrompit son récit.

— Il faut que tu saches, mon cher Maurice, — fit-il d'une manière incidente, — que M. Clément est la vivante reproduction du type immortel du bourru bienfaisant, mis à la scène par Goldoni. — Je le connaissais d'assez longue main pour ne songer nullement à m'effaroucher ou à m'effrayer de ses boutades et de ses coups de boutoir.

» Au contraire, cette façon brutale de me recevoir me présageait une heureuse réussite.

» Je répondis donc, très crânement, ma foi, et sans sourciller :

» — Non, je ne m'en irai pas...

» — Ah! bah! et pourquoi donc, s'il te plaît?...

» — En venant chez vous, j'avais un but...

» — Et lequel, monsieur l'homme d'importance ?

» — Le but de chercher une réponse que vous devez me donner — vous l'avez dit à ma mère — et j'attendrai cette réponse jusqu'à ce que vous me la donniez...

» — Tu crois cela ?

» — Parfaitement.

» — Et si je ne te la donne pas ce matin ?

» — Je resterai jusqu'à ce soir.

» — Et si je ne te la donne pas ce soir ?

» — Je resterai jusqu'à demain.

» — Et si je ne te la donne pas demain ?

» — J'attendrai une semaine, s'il le faut, — un mois, s'il le faut, — un an, s'il le faut...

» — Sans démarer de chez moi ?...

» — Sans démarer de chez vous.

» Mon aplomb sembla surprendre quelque peu M. Clement.

» Pendant un instant il parut hésiter entre le mécontentement et la gaîté.

» Enfin, la bonne humeur l'emporta.

» Il me frappa pour la seconde fois sur l'épaule et se mit à rire.

» Puis, il s'écria :

» — Ah! ça, mais, bien décidément, tu aimes donc Marguerite ?...

» — Je l'adore...

» — Hum!... hum!... *Je l'adore!*... C'est bientôt dit!...

» — Parbleu! qu'y a-t-il de plutôt dit que la vérité?...

» — Sans doute. — Mais est-ce une amourette ou une passion?..... Voilà la question...

» — C'est une passion, monsieur Clément, — une passion sérieuse, profonde et sincère... — Je vous en donne ma parole d'honneur!!...

» — Ne t'animes pas, mon garçon!... Je vais te croire... puisqu'il le faut absolument.

» — C'est heureux!!...

» — Et si je te disais que tu as un rival, qu'est-ce que tu répondrais?.,.

» — Ce que je répondrais ?...

» — Oui.

» — Que cela ne m'étonne nullement.

» — Ah ! bah ! !...

» — Votre fille est trop charmante et trop excellente pour que les prétendants à sa main lui fassent défaut.

» — Voyez-vous cela !... Quelle belle nouvelle m'apprends-tu ?...

» — Je ne vous apprends rien que vous ne sachiez aussi bien que moi, — je continue à vous répondre. — Si mes réponses vous impatientent, pourquoi m'interrogez-vous ?...

» — Du calme !... du calme !... — Et si j'ajoutais que ce rival est riche, — fort riche, — que dirais-tu, hein ?...

» — Je dirai : — Tant mieux pour lui !...

» — Si j'ajoutais qu'il est jeune — qu'il est beau — qu'il est galant — dirais-tu toujours : — *Tant mieux pour lui ?...*

» — Certes !...

» — Et cela te serait égal ?

» — Parfaitement.

» — Comment, cela ne te découragerait point ?

» — Non.

» — Cela ne t'inquiéterait même pas ?

» — En aucune façon.

» — Railles-tu ?

» — Je n'ai, de ma vie, parlé plus sérieusement.

» — Ah ! ça, sais-tu bien que tu commences à m'échauffer les oreilles avec ton outrecuidance!!...

» — Mon cher monsieur Clément, ne cherchez pas à vous mettre en colère, vous n'en viendriez point à bout...

» — Ta parole??...

» — Je sais que vous m'avez toujours témoigné beaucoup d'affection. — Je sais que vous estimez ma mère comme elle mérite de l'être, et que, par conséquent, vous seriez désolé de nous voir malheureux tous les deux...

» — Veux-tu bien te taire, gamin!... — J'estime ta mère, c'est vrai, mais je me moque pas mal de toi!...

» — Je n'en crois rien.

» — Ah! tu n'en crois rien!...

» — Non. — Essayez plutôt de me faire

de la peine. — Je vous défie d'y réussir !...

» — Eh ! c'est précisément pour cela que je te dis que tu n'es qu'un sot ! qu'un imbécile ! qu'une fichue bête ! !...

» — Je ne comprends plus...

» — Pourquoi, animal, ne m'as-tu pas demandé ma fille il y a trois semaines ?

» — Je n'osais pas...

» — Tu n'osais pas !... tu n'osais pas ! — voyez-vous ce morveux qui n'ose rien !... si ça ne fait pas pitié !!... — Eh bien ! sais-tu ce dont tu es cause avec ta ridicule timidité ?...

» — Non.

» — Eh bien ! je vais te le dire : — Aujourd'hui je ne puis plus t'accepter pour gendre, quand même je le voudrais...

» — Mon Dieu ! — m'écriai-je en pâlissant, — vous avez promis la main de Marguerite ?...

» — Je ne l'ai pas positivement promise, mais j'ai donné ma parole d'attendre deux ans...

» J'étais si loin de m'attendre à une telle réponse que j'en fus frappé comme d'un coup de foudre et que les larmes jaillirent de mes yeux.

» Monsieur Clément arpentait son cabinet à grands pas.

» Je m'étais laissé tomber sur un siége où je restais muet, immobile, complètement anéanti.

» Tout à coup l'armateur s'arrêta devant moi et me saisit brusquement le bras.

» — Pourquoi te désespères-tu, imbécile ? — me dit-il d'un ton rude — si tu te fais du chagrin comme cela, je te flanque à la porte !!...

» — Mais... — balbutiai-je.

» — Il n'y a ni *si*, ni *mais*, ni *car !* — interrompit-il — un homme qui pleure comme un veau, c'est bête comme chou !... — rien n'est désespéré, parbleu !! — Marguerite a dix-sept ans, tu en as vingt-quatre — il me semble que vous pouvez bien attendre deux ans...

» — Vous me conseillez donc de ne pas perdre tout espoir, mon cher monsieur Clément ?...

» — Ton cher monsieur Clément te conseille d'essuyer bien vite ces sottes larmes que tu as sur le bout du nez et qui te font ressembler à un moutard qui vient de recevoir le fouet!... — bien — maintenant écoute-moi. — encore des soupirs!... — vas-tu te remettre, à la fin!... sais-tu que tu m'agaces avec tes airs désolés !!...

» Je m'efforçai de sourire.

» L'armateur reprit :

» — Connais-tu M. Lelorrain ?

» — Oui.

» — Quelle est ton opinion sur son compte ?...

» Je pressentis qu'il s'agissait de mon rival et je voulus faire preuve de grandeur d'âme en disant nettement ma pensée :

» Donc, je répondis :

— M. Lelorrain est un jeune homme auquel je ne connais que des qualités et pas de défauts. — C'est un brave garçon de vingt-sept ans, capitaine au long cours— riche — estimé — brave — loyal — enfin je m'estimerais heureux de l'avoir pour ami!...

» — Et si tu avais une sœur et qu'il te la demandât en mariage, la lui donnerais-tu?

» — Sans hésiter.

» — Tu crois donc qu'il serait un bon mari?

» — Je ne le crois pas, — j'en suis sûr.

» Monsieur Clément me serra la main avec effusion en s'écriant:

» — C'est bien, Gilbert! c'est très bien, sacrebleu! ce que tu fais là!...

» —Je dis ce que je pense, et si M. Lelorrain est mon rival...

» — C'est ton rival.

» — Alors je n'ai plus qu'à me retirer et à renoncer à toute espérance...

» — Pourquoi donc?

» — Parce que M. Lelorrain a sur moi tant d'avantages que je ne pourrais lutter... — il vaut mieux que moi...

» — Tu en as menti! — s'écria l'armateur d'un ton furieux — il vaut autant, mais il ne vaut pas mieux, et je te défends de te déprécier, entends-tu bien!!...

VII

Les conditions.

« Pendant quelques secondes — continua Gilbert — je restai tout abasourdi de me trouver si vigoureusement défendu contre moi-même.

» Mais, en fin de compte, il était d'assez

bon augure de voir l'armateur se faire ainsi le champion de ma propre cause.

» — Pour l'amour de Dieu — m'écriai-je où voulez-vous donc en venir ?...

» — A ceci : — écoute-moi avec attention : — Il y a trois semaines à peine que M. Lelorrain est venu me trouver. — Il m'apportait un état exact de sa fortune qui est fort belle — des renseignements précis sur sa famille qui est des plus honorables, et il finissait par me demander la main de ma fille, — je t'avoue franchement que sa requête me fit grand plaisir...

» — Là, vous voyez bien...

» — Triple idiot ! est-ce que je pouvais deviner que, trois semaines après, tu me demanderais Marguerite à ton tour ?

» — C'est vrai.

» — Vas-tu, positivement, oui ou non, me laisser achever ?...

» — Allez, monsieur Clément, je me tais...

» — Mieux vaut tard que jamais !!... — je répondis à Lelorrain que sa demande m'agréait fort — que, personnellement, je n'avais aucun motif pour la repousser, mais que je trouvais Marguerite beaucoup trop jeune pour qu'il fut possible de songer à un mariage immédiat. — Je ne lui disais là, d'ailleurs, que ce que j'aurais dit à tout autre, à commencer par toi.

» J'ai là-dessus, vois tu bien, des principes arrêtés dont rien au monde ne saurait me faire départir...

» Je veux avoir des petits enfants —

beaucoup de petits-enfants — une ribambelle de petits-enfants, tous forts, vigoureux, bien bâtis, mais je n'entends pas qu'en venant au monde ils détruisent la santé de leur mère.

» J'ai donc décidé que je ne marierais pas ma fille avant qu'elle ait dix-neuf ans accomplis.

» Lelorrain, garçon de bon sens s'il en fut, comprit et apprécia mes motifs.

» Il me dit qu'il allait consacrer ces deux années d'attente à faire encore quelques voyages dont les résultats augmenteraient nécessairement et notablement sa fortune. — Il me demanda seulement ma parole d'honneur de ne pas marier Marguerite avant l'expiration du délai. — Accordé, — lui répondis-je — mais cependant, bien entendu, avec une restriction. — Laquelle ?... — C'est que, comme je ne suis point un père barbare, j'entends et je prétends ne contraindre en quoi que ce soit la volonté de ma fille, — il faudra qu'elle vous accepte volontairement et de son plein gré — si elle vous refuse, j'en serai désolé, mais je la laisserai parfaitement libre — je ne l'influencerai même pas par un conseil.—C'est trop juste ! — me répondit Lelorrain — et il me quitta — depuis je ne l'ai point revu, et tu sais aussi bien que moi qu'il a mis à la voile la semaine passée — maintenant, voici ce que j'ai à te dire, à toi :

» Tu aimes ma fille...

» — Oh ! — m'écriai-je.

» — C'est convenu ! c'est convenu ! ne

m'interromps pas!—tu aimes ma fille, c'est très bien, mais tu n'as peut-être pas réfléchi à l'avenir... — as-tu réfléchi à l'avenir, Gilbert?...

» — Mais... — balbutiai-je, non sans embarras.

» — J'en étais sûr!! — ces galopins d'amoureux, est-ce que ça peut penser à autre chose qu'à l'amour?... — Eh bien j'y ai réfléchi, moi, et souvent, — et voici le résultat de mes réflexions : — j'ai quarante mille livres de rentes, qui ne doivent rien à personne, ce qui est joli.

» Marguerite est ma fille unique,—donc elle aura tout après moi, mais comme, de mon vivant, je n'entends pas me mettre sur la paille pour la doter, je lui ferai une rente annuelle de dix mille francs, sans un centime de plus.

» Lelorrain possède une fortune indépendante de six cent mille francs — donc la marmite du jeune ménage pourrait bouillir sans le moindre accroc... — c'est clair, cela, n'est-ce pas?...

» — Trop clair, hélas !...

» — Toi, au contraire, tu n'as qu'un revenu fort minime. — Ta bonne et brave femme de mère t'abandonnera, en te mariant, la moitié de sa fortune — soit cent mille francs...

» Je sais bien qu'à la rigueur on peut vivre heureux à deux avec quinze mille livres de rentes — mais Marguerite est gâtée ici — elle a sa femme de chambre — sa voiture — son cheval de selle —

des toilettes à discrétion — je ne veux pas qu'une fois mariée il lui faille se refuser quoique ce soit de ce dont elle a l'habitude, et je t'affirme que la meilleure partie des quinze mille francs annuels y passerait bien vite. — Eh bien, qu'il vous pousse un enfant — deux — trois — quatre enfants !... et je t'ai prévenu que j'en voulais une ribambelle — il faudra des nourrices — des domestiques — des professeurs, etc... — vous voilà dans la gêne, presque dans la misère, et je suis parfaitement décidé à ne rien ajouter à la pension de dix mille francs... — Or, j'ai bon pied, bon œil, bon appétit surtout — je vivrai cent ans — ta mère également — tu pourrais donc trimer longtemps en attendant nos héritages...

» — Vous voyez bien que vous me refusez !... — interrompis-je douloureusement.

» — Comment, gredin, je te refuse?...

» — Dame ! il me semble...

» — Qu'est-ce qui m'a fichu un pleutre de ce calibre-là ! !... — je te dis que je ne vois pour obstacle qu'une misérable question d'argent, et, à ton âge, tu n'as pas le courage de me répondre que tu gagneras des tonnes d'or ! ! !...

» — Est-ce qu'il m'est possible d'amasser en deux ans une fortune aussi considérable que celle de monsieur Lelorrain?... vous savez bien que non !... si je me permettais de le dire, je serais un menteur ou un fou !...

» — Eh qui songe à te demander cela,

bélitre!!... — est-ce que j'exige de toi des millions?... — il n'est pas question d'un capital — il s'agit d'augmenter tout bonnement tes revenus annuels d'une dizaine de mille francs!... comprends-tu?...

» — Oui, et cela me paraît plus faisable...

» — Ça doit te paraître non seulement faisable, mais facile...

» — Oh! facile!!...

» — Voyons, sérieusement, qui est-ce qui ne gagne pas au moins dix mille francs par an?... — ah! je dois te prévenir que je ne veux pas que tu te fasses armateur — je sais par expérience que les bénéfices sont jolis, mais en revanche on peut un beau matin se réveiller complétement ruiné... — or, j'aime fort à dormir tranquille et j'entends ne point me créer de préoccupations pour l'avenir...

» — Qu'est-ce que vous voulez que je fasse ?...

» — Comment, ce que je veux ?...

» — Oui.

» — Je n'en sais rien ! c'est à toi de le savoir...

» — Mais je vous jure que je ne m'en doute pas !...

» — Tant pis pour toi — tu as deux ans pour te retourner — c'est beaucoup plus que suffisant — trouve d'ici là une carrière honorable dans laquelle tes malheureux petits capitaux ne risquent rien et qui te rapporte une dizaine de mille livres... — prends bonne note, cependant, que je ne te défends point d'en gagner davantage— et, alors...

» — Alors?... — répétai-je.

» — Ma foi, je te réponds ce que j'ai répondu à Lelorrain : — Dans deux ans ma fille sera libre de son choix, je t'en donne ma parole !... — tu te présenteras ainsi que ton rival, et celui de vous auquel elle tendra la main sera mon gendre quinze jours après... — cela te va-t-il ?...

» — Cela me va — répliquai-je avec résolution, quoiqu'une profonde anxiété se cachât dans le fond de mon cœur.

» — Ah ! ah ! mon gaillard, tu ne désespères donc plus ?...

» — Non.

» — Et pourquoi ?...

» — Parce que je réussirai.

» — Tu crois ?

» — J'en suis sûr.

» — Bon !... ne vas tu pas commencer à m'ennuyer, maintenant, avec tes présomptions folles !... — ça ne sait rien faire, et ça se croit capable de tout !... — je ne sais qui m'empêche de me mettre en colère ! je me contente de hausser les épaules !!...

» — Ecoutez-moi, mon bon monsieur Clément — dis-je à mon tour d'une voix ferme, — j'adore votre fille...

» — Rabâcheur éternel !... voilà, pour le moins, la vingtième fois que tu le répètes !...

» — Je ne le répéterai jamais autant

que je le pense! — j'ai le courage, — la bonne volonté — l'intelligence — la confiance en Dieu;— je travaillerai — j'arriverai, et, aussi vrai que je m'appelle Gilbert Pascal, dans deux ans vous me nommerez votre fils !...

» — Et ce sera probablement une fière bêtise que je ferai ce jour-là... Si ce jour-là arrive jamais!...

» — Bêtise ou non, vous le ferez, je vous en réponds.

» — Alors, n'en parlons plus et fiche moi le camp, attendu que voilà une grande heure que tu m'agaces avec toutes tes sornettes !... — à propos, tu te souviendras que je te défends formellement et impérieusement de voir ma fille en l'absence de Lelorrain — il faut de la loyauté en toutes choses et les chances ne seraient plus égales si tu pouvais faire le joli cœur auprès de Marguerite, tandis que l'autre est aux cinq cents mille diables ! — est-ce promis ?

» — C'est juré !

» — Quant à moi, tu viendras me voir le moins souvent possible! tu comprends?...

» — Parbleu !... et la preuve, c'est que chaque matin je vous mettrai au courant de ce que j'aurai fait la veille...

» — Fais-moi le plaisir de filer, et plus vite que ça !... je sens que la moutarde me monte au nez !...

» — Allons, je me sauve...

» — Enfin !... ah ! ce n'est pas malheureux !!...

» — Au revoir, mon bon monsieur Clément.

» — Je ne suis pas bon, entends-tu !...

» — Au revoir, et merci !...

» — Je te défends de me remercier ! — cria-t-il d'une grosse voix colère...

» Puis, comme je descendais l'escalier, je l'entendis rentrer dans son cabinet en grommelant furieusement.

»Au moment où je revins chez ma mère, mon cœur était partagé entre l'espérance et l'inquiétude.

» Je savais bien que Marguerite m'appartiendrait — mais il fallait la conquérir.

» Et comment gagner de l'argent ?...

» Je ne savais pas encore ce que je ferais — je ne m'en doutais pas, je te le jure, et cependant j'avais en l'avenir une foi instinctive, tant j'étais fort de mon amour — tant je comptais sur quelqu'inspiration inattendue — sur quelqu'illumination soudaine.

» Le lendemain je me mis à me creuser la tête, pour trouver un moyen de prompte et sûre réussite.

» L'inspiration me fit défaut — l'illumination ne se manifesta pas le moins du monde.

» Je passai en revue tous les métiers — toutes les différentes manières honnêtes de gagner de l'argent sans en risquer.

» Je ne trouvai rien

» Plusieurs semaines s'écoulèrent ainsi.

VIII

Une répétition en province.

— Sur ces entrefaites arriva à Brest un ancien camarade à moi, revenant de Paris où il avait été faire son droit.

» Je le mis au courant de ma position — de mes désirs — de mes espérances — et aussi de mes déceptions.

» Après avoir réfléchi pendant quelques instants, il se frappa le front en s'écriant, en homme qui connaît le grec et qui a entendu parler d'Archimède.

» — *Eureka* !!...

» — Tu as trouvé ? — répliquai-je avec une émotion joyeuse.

» — Oui.

» — Quoi ?

» — Ton affaire.

» — Bien vrai ?...

» — Tout ce qu'il y a au monde de plus vrai...

» — Et, est-ce bien difficile ?...

» — Non. — C'est à la portée du premier venu.

» — De quoi s'agit-il donc ?...

» — De la littérature, parbleu!!. — fais-toi homme de lettres.

» Je tombai de mon haut. — Il me sembla que mon ami devait, en parlant ainsi, se moquer outrageusement de moi.

» Mais il avait l'air sérieux, et même convaincu.

» — Homme de lettres ! — répétai-je au bout d'un instant — et tu trouves que c'est facile ?...

» — Certes !...

» — Mais je n'ai jamais pensé à la carrière littéraire...

» — Qu'importe ?

» — Ai-je la vocation ? — ai-je l'aptitude ? — ai-je seulement les connaissances nécessaires ?...

» — Ah ! ça, voyons, que me parles-tu

de vocation — d'aptitude — de connaissances — tu n'es pas de ton siècle, mon bon! — Est-ce que je t'ai proposé de te faire bénédictin ? — ne sais-tu donc pas qu'aujourd'hui tous les gens qui sont absolulument incapables de faire autre chose se jettent dans la littérature et y réussissent à merveille!!...

» — Bah!...

» — C'est comme ça. — Consulte plutôt la liste des membres de la Société des gens de lettres...

» — Ainsi, tu crois que je pourrais arriver à un résultat?...

» — Cela ne me paraît pas faire question. — D'ailleurs, que risques-tu?... — Mise première : — une rame de papier blanc — une bouteille d'encre noire ou bleue —

une boîte de plumes de fer — de l'esprit et de l'imagination, si tu peux — au besoin un peu de style — (mais ce n'est point indispensable!) — tu vois que tu n'aventures pas un capital exagéré ! — tout à gagner et rien à perdre. — Fais la balance, mon bien bon!...

» — Et l'on peut gagner dix mille francs par an dans le métier des lettres?...

» — On peut même en gagner cent mille — on peut même y faire une grande et solide fortune. — Vois plutôt M. Scribe...

Ici Gilbert interrompit de nouveau son récit pour ouvrir une parenthèse.

— A ce propos, mon cher Maurice — fit-il — je te dirai qu'en province, et spécialement à Brest, M. Scribe est encore regardé comme le Jupiter littéraire —

comme le César de la comédie — comme l'Alexandre du vaudeville...

» Cela tient probablement — me répondras-tu, — à ce que la province en général et la Bretagne en particulier sont des pays fort arriérés...

» Remarque bien que je ne discute pas un fait — je le constate, voilà tout.

» L'idée émise par mon ancien condisciple fut pour moi le rayon lumineux sur lequel je comptais et qui devait, de ses lueurs radieuses, éclairer l'avenir...

» Je m'assurai, à l'aide de judicieuses et sagaces informations, qu'en effet M. Scribe et quelques autres faiseurs avaient réalisé des fortunes d'armateurs ou de banquiers, et je me décidai à embrasser la carrière littéraire...

» Sans plus tarder, je me mis au travail, et, comprenant à merveille qu'en toutes choses l'apprentissage est d'absolue nécessité, je résolus de tenter l'aventure en province avant de me risquer sur les scènes de la grande ville, devant des spectateurs parisiens.

» Il faut que tu saches qu'à cette époque nous avions pour directrice privilégiée du théâtre de Brest, une personne nommée madame Chatelle, type curieux s'il en fut!...

» D'ailleurs, tu vas en juger.

» Madame Chatelle était une femme âgée de quarante-huit ou cinquante automnes — de taille moyenne — plus petite que grande — plus grasse que maigre —

plus rouge que blanche — plus violette que rouge.

» C'était, — je te le répète — un personnage amusant à étudier — une rareté parmi la classe des directeurs de province, si féconde cependant en excentricités fantastiques.

» Dépourvue de toute éducation première — pourvue d'un entêtement féroce — ne comprenant jamais qu'à demi ce qu'on lui expliquait longuement et à dix reprises, elle se trouvait douée cependant, par le plus grand hasard du monde, d'une merveilleuse entente des choses du théâtre, et, phénomène peut-être sans précédent et qui ne se reproduira plus, elle venait à bout de contenter le public, sans mécontenter ses artistes.

» Très bonne femme au fond — obligeante — charitable — elle se manifestait comme une véritable providence pour ses pensionnaires qui ne l'appelaient jamais que la mère Chatelle.

» Ma qualité d'abonné me conférait mes entrées auprès d'elle, priviléges dont je me hâtai d'user.

» Une après-midi, je me présentai au théâtre, décidé à mettre la directrice au fait de mes ambitions, et à la prier de me prêter ses lumières, indispensables selon moi pour éviter les fautes et les erreurs inséparables d'un premier début — surtout lorsque le débutant ignore complétement les plus simples ficelles du métier.

» Au moment où j'arrivai dans la salle,

on répétait l'opéra de *Robert-le-Diable*, et j'assistai à une scène que je n'oublierai de ma vie...

» On en était au troisième acte, et l'on commençait le fameux *trio* sans accompagnement — l'écueil de tous nos ténors et de toutes nos premières chanteuses.

» Madame Chatelle — trônant d'un air majestueux sur un des bancs de l'orchestre vide — suivait sur la brochure avec une extrême attention.

» Son mari — petit homme au visage en lame de couteau — aux vêtements étriqués — au regard mort, — à l'intelligence nulle — parfaitement dressé d'ailleurs par sa femme à une obéissance de caniche, — était assis à côté d'elle, d'un air modeste et timide.

» Déjà les artistes donnaient les premières notes.

» Les musiciens, appuyés sur leurs pupitres, écoutaient religieusement.

» Le chef d'orchestre, les yeux fixés sur la partition, réglait la mesure.

» Tout à coup, la directrice se leva avec impétuosité et s'écria d'une superbe voix de baryton :

» — Eh bien ! eh bien, vous, là-bas !... qu'est-ce que ça veut donc dire ?...

» Les artistes qui se trouvaient en scène s'arrêtèrent et le chef d'orchestre se retourna.

» — Que désirez-vous, madame ? — demanda-t-il.

» — Je désire savoir pourquoi vos musiciens ne font rien pendant que mes acteurs chantent?...

» — Madame, ce trio doit être chanté sans accompagnement.

» — Vous dites?...

» Le chef d'orchestre répéta.

» — Sans accompagnement!! — beugla madame Chatelle.

» — Oui, madame.

» — Allons, elle est sévère, celle-là !!... — Connu, mon bonhomme!!... on ne me fait pas voir le tour!... — Sans accompagnement!!... — c'est encore une *ficelle* inventée par ce tas de paresseux de l'orchestre que vous soutenez toujours!...

» — Mais, madame...

» — Assez! assez!... — ça ne peut pas durer plus longtemps comme ça!... — Je paie les musiciens exactement, rubis sur l'ongle, ils sont là pour le dire ! — Je n'entends pas qu'ils se reposent pendant que mes artistes s'égosillent à crier tous seuls ! !... — Ainsi, recommencez-moi ça un peu rondement, et que tout le monde joue ! !... — C'est compris ?...

» — Mais, madame — reprit le chef d'orchestre avec une fermeté respectueuse — vous n'avez donc pas entendu ce que j'ai eu l'honneur de vous dire ?...

» — Quoi ?... — qu'est-ce que vous m'avez dit ?...

» — Que ce morceau était un trio sans accompagnement.

» — Et moi, je vous réponds que sur mon théâtre je ne veux pas de *crio* sans accompagnement !... — le public serait satisfait, ma foi, s'il voyait tous ces fainéants bâiller aux corneilles!... — Allons, faites ce que je vous dis — recommencez, et surtout que tous vos messieurs jouent ensemble! — j'ai remarqué qu'il y en avait toujours, par-ci par-là, quelques-uns qui s'arrêtaient quand les autres travaillaient, et ça ne va pas !...

» — Mais, madame...

» — Il n'y a pas de : *mais madame...*

» — Ce que vous demandez est impossible !...

» — Qu'on se dépêche!... allons! allons !...

» — Madame, je vais suspendre la répétition...

» — Suspendre la répétition ! par exemple !!...

» — Il le faudra bien.

» — Et pourquoi cela, s'il vous plaît?

» — Parce que si vous insistez, je quitte la place — répondit le chef d'orchestre avec dignité.

» — Eh! quittez tout ce que vous voudrez, mon garçon!... — après vous un autre ! — est-ce que vous vous croyez indispensable, par hasard?... — ce que vous faites n'est pas déjà si difficile!...

» La directrice s'interrompit pour se tourner vers son mari qui se tenait coi et se faisait le plus petit possible à ses côtés.

» — Eh! Chatelle — lui dit-elle — lève-toi et va t'asseoir dans le fauteuil de monsieur..

» Le docile mari obéit passivement.

» La directrice continua :

» — C'est ça ! — maintenant, prends le petit bâton — remue-le au-dessus de ta tête ? — donne-toi du mal ! — démanche-toi !... — voilà qui va bien !... — et vous autres, attention !... — le premier qui ne joue pas, je le remercie à la fin du mois...

» Les musiciens interdits, ne sachant comment obéir et n'osant pas résister, entamèrent bruyamment le Chœur des Démons, tandis que les malheureux artistes, déroutés et complètement assourdis, reprenaient le trio, cahin-cahin, en essayant, mais en vain, de dominer ce tapage véritablement infernal.

» Enfin le charivari devint tel, que tout le monde, artistes, musiciens, choristes, garçons d'accessoires et pompiers, ne pouvant résister à la folle hilarité qui s'emparait d'eux, partirent à la fois d'un gigantesque et retentissant éclat de rire.

» Madame Chatelle était cramoisie de colère.

» Je parvins, tant bien que mal, à conjurer l'orage, et, après l'avoir calmée, je lui expliquai nettement ma position et ce que je désirais d'elle.

» J'ai dit que c'était une excellente femme malgré tous ses défauts et tous ses ridicules.

» Mes confidences la touchèrent -- elle m'autorisa à assister à l'avenir à toutes les répétitions et promit de me mettre au courant des détails de la mise en scène — prenant en outre l'engagement de faire représenter sur les planches de son théâtre le premier vaudeville en un acte que je parviendrais à composer.

» Au bout de quinze jours à peine, je connaissais toutes les expressions consacrées de l'argot des coulisses — j'étais admis à la flatteuse intimité des premiers rôles, et je passais mes nuits à confectionner des couplets dont je cherchais l'idée dans ma tête et le trait final dans le dictionnaire des rimes.

» Trois mois après j'avais la satisfaction très vive de voir le titre de mon premier vaudeville s'étaler glorieusement sur de belles affiches jaunes, à la porte du théâtre et contre les murs de plusieurs monuments publics.

» Voici ce titre :

LE LIEUTENANT DE VAISSEAU

ou

LES TROIS FANTAISIES DE SARA LA CRÉOLE.

» Imprimé à gigantesques caractères, il attirait le regard de fort loin et faisait stationner pendant quelques secondes les flâneurs et les badauds.

» Il obtint à la représentation, sinon un triomphe, du moins un fort honorable succès.

» On demanda l'auteur.

» L'artiste chargé du principal rôle s'approcha de l'avant-scène, salua gracieusement le public et dit :

» — Mesdames et messieurs, l'auteur de la pièce que nous avons eu l'honneur de représenter devant vous est un amateur de la ville et désire garder l'anonyme.

» On applaudit de nouveau — il fallait bien encourager l'amateur débutant!...

» Mon vaudeville fut représenté cinq fois et me rapporta vingt-cinq francs.

» Monsieur Clément avait assisté à la première représentation et s'était fait remarquer par ses manifestations bruyamment favorables.

» Lorsque je lui avouai le résultat financier de mon coup d'essai, il me répondit :

» — Eh bien! mon garçon, ce n'est pas trop mal!... — pourvu que tu en fasses quarante-huit douzaines comme cela dans

l'année, tu arriveras au chiffre convenu !...
— peux-tu en faire quarante-huit douzaines ?...

» Le début n'était pas brillant — mais enfin, c'était un début.

» Je me remis au travail.

» Au bout de six mois j'avais achevé une comédie en trois actes.

» Je réunis quelques amis, parmi les plus éclairés et les plus sincères. — Je leur fis la lecture de mon œuvre, et leurs félicitations, ainsi que les chaleureux applaudissements qu'ils me prodiguèrent, me récompensèrent amplement de toutes les peines que je venais de me donner.

» Mes amis me conseillèrent unanimement et sincèrement de partir au plus vite pour Paris et de présenter ma pièce au

Théâtre-Français. – Aucun d'eux ne mettait en doute qu'elle ne dût être accueillie avec enthousiasme.

» Je t'avouerai, avec cette franchise que tu me connais, que cet avis est également le mien, car, modestie d'auteur à part, je suis presque certain du succès.

» Il me reste encore quatorze mois pour atteindre l'expiration du délai de deux années. — C'est évidemment beaucoup plus de temps qu'il ne m'en faut pour arriver à mon but — mais je préfère être en avance.

» Et voilà comment, mon cher Maurice, j'en suis arrivé à me faire homme de lettres, — voilà pourquoi je suis en ce moment près de toi, — voilà pourquoi, enfin, je ne me séparais sous aucun prétexte du précieux portefeuille dont les dimensions inusitées ont attiré ton attention, et qui renferme tout mon avenir...

» On m'a bien dit, vaguement, en province, qu'il était indispensable de vaincre certains petits obstacles pour arriver à se faire représenter — mais je ne crois pas me faire trop d'illusions en comptant, pour tout aplanir, sur la sérieuse valeur de mon œuvre et sur le goût consciencieux et éclairé des directeurs et des comités de lecture... — est-ce que je me trompe, dis-moi...

— Non pas! non pas! — répondit vivement Maurice, en comprimant, non sans peine, un immense éclat de rire en présence d'une candeur aussi phénoménale

— c'est précisément sur ce que tu viens de dire que tu as raison de compter !...

— A la bonne heure !... — j'étais bien sûr que tu serais de mon avis. — Tu verras comme d'ici à fort peu de temps je te mettrai à même de prodiguer à tes amis et à tes connaissances des coupons de loges et des stalles d'orchestre !

— Parbleu ! j'y compte !...

— Et tu fais bien. — A propos, tu me donneras la liste de tes intimes ?...

— Qu'en veux-tu faire ?...

— Prendre bonne note de leurs noms.

— Dans quel but ?...

— Dans le but de ne point les oublier lorsque je ferai la répartition de mes billets d'auteur pour le soir de ma première représentation au Théâtre-Français.

— Ah! très bien!... — mais rien ne presse encore... la pièce n'étant pas reçue...

— Elle le sera bientôt. — J'ai le projet, sur les premiers bénéfices de mon travail, de prélever la somme nécessaire pour offrir un véritable festin de Balthazar à tous les principaux artistes de Paris...

— Excellente idée!...

— Tu me guideras dans la composition du menu... et aussi pour les invitations à faire...

— De tout mon cœur — mais, en attendant les bénéfices dont tu parles, je t'engage à aller toucher le montant de la traite que ta mère t'a remise...

— Oh! je n'en aurai pas besoin.

— Qui sait?... — va toujours...

— A quoi bon ?...

— Simple mesure de précaution, mon cher ami — il vaut toujours mieux avoir son argent dans son secrétaire que chez un banquier... — le banquier peut faire faillite...

— C'est juste. — Eh bien, j'irai ces jours-ci. — Que fais-tu ce soir ?

— Ce que tu voudras. — Je suis à ta disposition.

— Alors je te lirai ma comédie.

— C'est convenu. — Mais, comme nous ne devons pas nous gêner entre nous, je te dirai que j'ai, en ce moment, plusieurs courses indispensables à faire et que je vais te laisser seul. — Repose-toi pendant mon absence. — Après dîner, nous commencerons la lecture...

Et Maurice, serrant les deux mains de son ami, prit son chapeau et sortit.

Tout en descendant l'escalier, il murmurait :

— Pauvre garçon !... — il croit encore que le talent et le travail arrivent d'emblée ! !... — que nos faiseurs en réputation, s'ils l'entendaient, le trouveraient naïf ! !...

IX

Deux gredins.

Quittons si vous le voulez bien — pour y revenir un peu plus tard — l'atelier de Maurice Torcy, — Laissons Gilbert Pascal, étendu dans un grand fauteuil, et les yeux doucement fermés sous la double influence de la fatigue et de la digestion, se remettre des lassitudes du voyage et rêver cet avenir brillant dont le fauteuil académique est, pour certaines imaginations bizarrement exaltées, le point culminant et lumineux, et permettez-nous de vous conduire dans ce quartier fangeux et populaire qui n'est déjà plus Paris — qui n'est pas encore Montmartre, et qui borde le côté droit du boulevart extérieur, depuis la barrière des Martyrs jusqu'à celle des Batignolles.

En sortant de Paris par la barrière Blanche, on trouve à main droite une ruelle étroite et mauséabonde, appelée *l'impasse de Constantine.*

De hautes maisons la bordent des deux côtés dans sa courte longueur qui aboutit à un établissement moitié cabaret et moitié bal public, connu des habitants du quartier sous la dénomination pompeuse de *Jardin d'Idalie*.

Une cour plantée de trois arbres lépreux et rabougris,— deux berceaux garnis d'un chèvrefeuille étique et rongé par la poussière, — quelques tables recouvertes jadis d'une couche de peinture d'un vert gai, maintenant grisâtre, — des bancs éclopés et des tabourets boiteux, offrent aux habitués de ce lieu de plaisance, pendant la saison d'été, les douces illusions de la campagne et les attraits fallacieux d'un repas qui se croit champêtre, orné d'un vin bleu, dans lequel il y a de tout sauf du jus de raisin, et de gibelottes de lapins douteux.

L'hiver une salle de bal, longue et basse, éclairée par une demi douzaine de quinquets fumeux et mal odorants, et drapée de quelques haillons de calicot rouge en guise de draperies, est ouverte le dimanche et le lundi aux amateurs des danses de haut goût, moyennant une modeste rétribution de dix centimes pour chaque cavalier, par contredanse, valse et polka.

Tout auprès de ce remarquable et confortable établissement se trouve une haute maison de sinistre apparence.

Les immeubles ont leur physionomie comme les hommes.

Les immondes lupanars des barrières et des boulevarts extérieurs ne ressemblent point, grâce à Dieu, à d'honnêtes demeures.

Certaines masures suent le crime par tous les pores de leurs murailles décrépies.

Des fenêtres étroites, — enfumées, — chassieuses, percent la façade de la maison qui nous occupe et dont le badigeon, se détachant par écailles, fait ressembler la construction toute entière à ces hideux malades qu'on traite à l'hôpital du Midi.

Le rez-de-chaussée est occupé par un férailleur qui joint à cette profession apparente, l'industrie occulte et lucrative du recel.

La police — de temps à autre — se permet chez lui de brusques descentes.

Une allée étroite et sombre — toujours

humide, — toujours glissante,— toujours fétide,— aboutit à un escalier en colimaçon, dont les marches de bois, recouvertes de callosités boueuses, tremblent sous le pied qui les foule.

La rampe de cet escalier consiste en une corde gluante que des anneaux de fer fixent de distance en distance à la muraille.

Les paliers n'existent pas.

Les portes de chaque étage s'ouvrent sur trois marches successives.

Au cinquième, cependant, quatre ouvertures ont accès sur les carreaux dégradés d'un étroit corridor obscur.

Chacune de ces ouvertures mal fermées par des portes vierges de toute peinture mais enduites d'un hideux vernis par les attouchements d'une foule de mains sales, conduit à deux petites pièces d'égale grandeur, prenant jour, l'une sur l'impasse de Constantine — l'autre sur le jardin d'Idalie.

Au moment où nous pénétrons dans cette maison abominable, trois de ces portes sont fermées.

La quatrième, entre-bâillée légèrement, laisse s'échapper la chaleur épaisse et nauséabonde d'un poêle de fonte, et l'odeur âcre et repoussante qui résulte des bouts de cigares ramassés dans la rue, hachés menus et fumés dans des pipes de terre.

En poussant cette porte, on pénètre dans une première pièce, mansardée et lambrissée, longue de huit pieds et large de dix, s'éclairant d'une façon insuffisante par une fenêtre à tabatière, dont la crémaillère menace sans cesse de sa pointe recourbée la poitrine des locataires.

A droite, en entrant, se trouve une grande armoire de bois blanc, mal peint en façon d'acajou.

L'un des battants, privé de gonds et appuyé contre la muraille, permet de distinguer dans l'intérieur de ce meuble de luxe quelques assiettes ébréchées — une soupière sans son couvercle — trois bouteilles vides et une paire de gros souliers mal cirés.

Devant cette armoire s'étale fièrement une paillasse éventrée.

Un poële de fonte — dont nous avons

tout à l'heure pressenti la présence — sort à moitié d'une petite cheminée dont une tablette de bois peint en gris a remplacé le marbre absent.

Une carafe fêlée — un pot à cirage — une vieille brosse et trois pipes suffisent à la décoration de cette tablette.

Les murailles blanchies à la chaux sont couvertes d'infâmes dessins tracés au charbon — les fresques de Gomorrhe!! — et de révoltantes obscénités qu'on croirait tracées par la main de quelqu'artiste du bagne en goguette.

Le fumeux lumignon d'une chandelle a servi de pinceau pour illustrer le plafond d'arabesque du même genre, encadrant les mots les plus honteux de la langue des lieux immondes.

Une malle de la plus piteuse apparence est placée sous la fenêtre.

En face du poêle est installée une petite table absolument pareille à celles qui font l'ornement du jardin d'Idalie. — Le locataire du logis que nous visitons aurait-il donc — par *hasard* ou par *erreur* — confondu le bien d'autrui avec le sien propre ?...

Chut !... il ne faut jamais ajouter foi, trop à la légère, à des *distractions* de ce genre !...

Bref, sur cette table dont nous ne rechercherons point la paternité, en vertu de cet axiôme du code civil : — *en fait de meubles possession vaut titre*, — sur cette table, disons-nous, il y a deux verres —

une bouteille d'eau-de-vie — une fiole de rhum et une boîte d'allumettes.

De chaque côté — par conséquent en face l'un de l'autre — sont assis deux hommes, qui, le coude sur la table — le verre à la main et la pipe à la bouche, se livrent à une conversation sans doute intéressante.

L'un de ces hommes est vêtu d'un pantalon garance — (dépouille militaire provenant du Temple et qui servit peut-être d'enveloppe aux tybias héroïques d'un futur maréchal de France) — d'une blouse bleue dont l'état de conservation et de propreté laisse à désirer — d'une cravate de laine multicolore, serrée autour du cou et étalée sur la poitrine de façon à déguiser absolument le linge peut-être absent

— et, enfin, d'une casquette de velours miroité, sur la visière de laquelle une chaine-gourmette en cuivre doré attire le regard le plus distrait.

La tête de cet homme est d'une beauté tout à la fois pittoresque et majestueuse.

Son front — son nez — sa bouche — ses yeux — enfin tous les traits de son visage, offrent au premier coup d'œil le type grec dans sa plus irréprochable pureté.

De magnifiques cheveux noirs, de ce noir bleuâtre qui plaît tant aux artistes, mais parsemés de nombreux fils d'argent, et une barbe épaisse et longue, naturellement ondulée, tombant jusque sur la poitrine, complètent l'illusion.

On croirait voir quelque marbre de Phydias ou de Praxitèle animé soudain.

Mais en examinant plus attentivement — en étudiant l'expression de cette tête si belle, — on sent un éloignement involontaire se manifester — un dégoût instinctif, une répulsion irrésistible, succéder à l'admiration.

C'est qu'en effet ce front olympien est couvert de ces rides profondes que creuse la débauche et non pas l'âge. — Les yeux sont entourés d'un cercle bleuâtre et bistré qui rend plus frappant encore la rougeur des paupières, — les cils sont clairsemés et rongés à demi — les plis de la bouche dénotent les penchants d'une sensualité grossière et presque bestiale — enfin la physionomie tout entière, en flagrant désaccord avec les lignes du visage, indique clairement la bassesse, le vice, la brutalité.

Cet homme peut avoir de quarante-cinq à cinquante ans, — mais il paraît plus âgé.

Nous le connaissons déjà, — du moins nous avons entendu prononcer son nom et apprécier son caractère et ses habitudes.

Il se nomme Paul Aubry ; — il exerce dans les ateliers la profession de modèle, et les rapins l'ont surnommé *Léonidas*, — surnom ou sobriquet par lequel il est universellement désigné.

L'individu qui lui fait face est un homme à peu près du même âge.

Ses cheveux sont grisonnants, — jadis

ils étaient roux! — son visage grêlé est d'une laideur triviale et repoussante. — Son regard oblique semble sans cesse louvoyer, comme s'il craignait de s'arrêter franchement sur quelqu'un ou sur quelque chose.

Il affecte dans sa mise une recherche voyante du plus mauvais goût ; — ses manières sont celles d'un gentilhomme de barrière, ou d'un de ces êtres pour lesquels notre langue n'a point de nom, et qui, plus abjects que les prostituées du plus bas étage, vivent du honteux salaire de la prostitution dont ils se font les chevaliers.

Il porte un large pantalon olive, — une polonaise à brandebourgs, garnie d'un collet d'Alpaga et dont les revers laissent apercevoir un mirifique gilet de cachemire bleu-clair à palmes oranges.

Son chapeau est gras et placé d'une façon triomphante sur l'oreille droite dont il couvre une partie. — Une touffe de cheveux tortillés en tire-bouchon s'échappe de l'autre côté.

Un foulard est étalé sur ses genoux. — Une bague de laiton, ornée d'un gros diamant faux, brille au doigt annulaire de sa main gauche avec laquelle il soutient sa pipe.

Il se nomme Adolphe Galimand.

Au temps de son orageuse jeunesse, il a vécu du commerce honorable des chaînes de sûreté et de l'industrie des contremarques à la porte du théâtre de l'Ambigu-Comique.

Mais les temps sont changés!...

Depuis lors, d'autres moyens d'existence lui sont arrivés et lui permettent de couler dans *le luxe et la mollesse* une vie calme et tout à fait exempte de soucis.

Nous connaîtrons bientôt ses ressources.

Maintenant que nous avons vu, écoutons :

— Par ainsi donc, mon pauvre Léonidas, — dit Adolphe en heurtant son verre contre celui de son ami, — par ainsi donc, il paraîtrait que tu n'es point parfaitement-z-heureux ?...

— Tiens ! n'm'en parle pas ! — répliqua le modèle, — c'est-z'un guignon ! — la panne ! toujours la panne ! rien que la panne ! — j'en ai z'assez ! parole sacrée !..

Et il avala d'un seul trait un petit verre de rhum.

— Pas de chance! — fit sentencieusement Galimand.

— Cré coquin, non !...

— Et tout ça rapport-z'à !... — demanda l'interlocuteur du modèle.

— Rapport-z'à Léontine, parbleure ! — acheva ce dernier.

— Elle reste donc toujours bégueule?...

— Bégueule que ça en fait pitié!... — C'est z'une drôlesse qui me donne plus de mal qu'elle ne vaut!... — Tu sais qu'elle était dans un magasin de confection ?...

— Oui.

— Elle n'en voulait pas quitter, quoiqu'elle ne gagnât que trente malheureux monacos par jour!.. de l'eau z'à boire, quoi !..

— Trente monacos !.. Ah ! qué petitesse ! !..

— Et encore elle rabrouait son patron, — z'un richard qui lui voulait du bien !!..

— Voyez-vous ça !..

— Il paraît que z'un beau jour le particulier a voulu comme qui dirait censément s'émanciper z'avec elle... — Je me voyais déjà requinqué, calé, et possesseur d'une pelure de première catégorie...

— Ça ce devait.

— Qu'est-ce que tu crois qu'à fait la pimbèche...

— Elle a refusé son bonheur ?...

— Et le mien aussi, parbleure !... — z'elle est montée sur ses grands chevaux — z'elle a planté là le magasin, et, comme je tâchais de lui faire entendre raison — (que

veux-tu, un père z'est toujours père!...)
elle m'a déclaré qu'elle voulait se faire
sœur du pot...

— Oh! oh!...

— Ça été le bouquet...

— Fouchtra! je le crois sans peine!...

— J'étais monté, tu comprends...

— Oh! oui!...

— J'ai tapé dur.

— Et t'as bien fait!...

— Adolphe, tu m'approuves?...

— Léonidas, je t'applaudis!...

— T'es mon ami, z'et tu le fais voir...

— Oui, que je le suis... — Léonidas,
continue!

— Pour lors, je lui z'ai flanqué une tri-
potée, que le diable z'en a pris les armes,
et je lui ai récidivement et paternelle-

ment signifié que si elle songeait z'a me quitter je lui casserais z'une ou deux pattes...

— Z'alors qu'a-t-elle répondu.

— Rien. — Z'elle a pleuré comme une borne fontaine — voilà...

— Et z'a présent, qu'est-ce qu'elle fait, cette mijaurée ?...

— L'état de son père.

— Elle pose dans les ateliers ?...

— Z'un peu, mon vieux. — Elle ne voulait pas, mais j'ai fait parler *vigoureux*...

— Qu'est-ce que c'est que ça *vigoureux ?*...

— Un petit nom d'amitié que j'ai décerné z'au manche à balai...

— Tiens, Léonidas, t'es farceur que c'en est z'un charme!...

— Z'on ne se refait pas! j'ai le tempérament jovial...

— Mais, dis donc... — reprit Adolphe avec un rire cynique.

— Quoi?...

— Dans les ateliers, les artistes ne sont pas toujours gênés de faire faire la noce z'à leurs modèles...

— Z'a qui le dis-tu!...

— Eh bien?...

— Eh! bien, j'avais compté là-dessus pour la dégourdir un peu....

— Et t'as z'été volé?...

— Depuis deux mois qu'elle travaille, c'est toujours la même chose qu'auparavant.

— Pas possible ?...

— C'est pourtant comme ça !...

— Dam ! mon pauv' vieux, t'es z'a plaindre !...

— Ah ! oui !... ah ! oui, que je le suis !... — faut te dire que Léontine z'est bâtie comme la Vénus de Milo...

— Tu dis ?...

— Je dis : *la Vénus de Milo* — une ci-devant, du bon vieux temps, dont la réputation z'est faite. — Je voulais qu'elle posât pour le nu — ça se paye plus cher — mais huist !... — j'ai z'eu beau la battre, la rouer de coups, pas moyen d'obtenir ça d'elle !... — Je l'aurais tuée qu'elle n'aurait pas dit oui !...

— Quelle tête !!...

— On ne trouverait point, z'en cherchant bien, sa pareille dans tout Paris !...

— Pourquoi pose-t-elle donc ?...

— Pour la tête, le cou, les mains z'et les bras.

— Ça rapporte-t-il, au moins ?...

— Ça rapporterait assez, mais sais-tu bien ce que la drôlesse a z'imaginé ?

— Quand tu me l'auras dit, je le saurai...

— Eh ! bien, figure-toi qu'au lieu de me donner tout son argent elle commence par payer nos dettes !...

Adolphe frappa sur la table.

— Ah ! ca mais — s'écria-t-il avec conviction — la petite geuse z'a donc tous les vices !!...

X

Deux gredins (suite).

Léonidas remplit d'eau-de-vie son verre et celui de Galimand.

Les deux verres furent simultanément vidés.

Puis le modèle s'écria :

— Ah ! mon pauvre Adolphe, je suis z'un père bien malheureux ! !...

— C'est pas comme moi! — fit Galimaud avec un écart de poitrine.

— Oui, t'as de la chance toi !...

— Un peu, mon vieux !...

— Ta fille va bien !

— Comme un n'amour de troubadour !... — c'est déjà roué comme père et mère !... — tu sais qu'elle paraît dans les tableaux vivants du théâtre de *** z'avec un maillot...

— J'en ai z'évu connaissance.

— Elle a z'empaumé dernièrement z'aux

avant-scène de son théâtre le fils d'un fort
négociant de la rue du Sentier. — Faut
voir comme elle fait danser ses écus !...
— je te dis que c'en est z'un plaisir !... —
Aussi, dévisage moi z'un peu, Léonidas !...
dévisage moi !... — je crois qu'on est z'un
peu nippé !... tout est neuf, mon vieux !...
— la chaîne de montre est en or pour de
vrai, rien que ça !... et on a des *roues de
derrière* dans son gousset — et l'on se paye
des petits verres chez tous les marchands
de vin que l'on rencontre — on fait la
poule dans tous les estam les plus chico-
candards — on se fend d'un parterre à la
Gaîté et d'un bischof z'après le spectacle !..
— ah! c'est pas pour dire, mais Paméla
me donne bien du contentement !...

— Si cette coquine de Léontine le voulait, pourtant, moi aussi je pourrais me croiser les bras et flâner z'à l'heure et à la course z'avec les amis !...

—C'est z'un fait car ta fille est jolie, crânement jolie, même !...

— Eh ! je l'aimerais mieux moins belle z'et moins bête !...

—Ah ! t'as raison, mon pauv' vieux, mais voyons. — Faut pas désespérer...

— Ah ! si !... ah ! si ..

— Je te dis que non ! — je suis un bon zig, moi ! j'abandonne pas les amis dans le malheur.

— Vrai ?...

— Jamais!...

— Tu vas me prêter de l'argent? — demanda Léonidas avec un étonnement joyeux.

— Ah! non, par exemple! — répondit Galimand en ricanant.

— Dam! alors...

— Je ne t'en prêterai point, mais je t'aiderai à z'en gagner...

— Bah!

— Parole d'honneur!

— T'as un moyen?

— J'en ai z'un.

— Et est-il bon ?

— Tout ce qu'il y a de plus *chouette !*...

— Parle vite, z'alors...

— Comme t'es pressant...

— Je suis pressé.

— Suffit, c'est compris!... — voici la chose en deux temps et trois mouvements!... t'es z'intelligent, tu vas saisir la parabole...

— Voyons — de quoi qu'il retourne?...

— Ta fille n'a pas d'amoureux, pas vrai?

— Eh! non que je te dis! — tonnerre! elle est bien trop bégueule!!...

— Tu l'as donc bien mal élevée?...

— Dam! j'ai fait ce que j'ai pu! — si elle ignore la gaudriole, c'est qu'elle y met une fière mauvaise volonté!... — faut qu'elle ferme les yeux en passant par ici! regarde un peu les murs z'et le plafond, pour voir! — ça ferait venir de l'esprit z'à un enfant de trois mois et quatorze jours, et Léontine a tout à l'heure dix-neuf ans!...

— Le fait est que c'est crânement gentil, tout ça!... — fit Galimand en promenant un regard cynique sur les dégoûtants charbonnages qui polluaient les cloisons. — Mais c'est pas de ça qu'il s'agit...

— De quoi donc?...

— Léonidas, mon vieil ami, j'ai une affaire à te proposer...

Les yeux de Léonidas brillèrent.

Il fit un brusque mouvement — il se rapprocha de la table et sembla vouloir mettre son oreille à portée de la bouche de son interlocuteur qui vidait à petites gorgées son verre qu'il venait de remplir, pour la dixième fois peut-être.

— Y a-t-il gros z'à gagner? — demanda-t-il d'une voix dont le tremblement décelait l'avidité du misérable.

— Oui.

— Combien ?

— Pour le présent, cinquante jaunets à partager...

— Oh! oh!...

— Et des rentes pour l'avenir...

— Cré coquin!... ça me botte!... — et, qu'est-ce qu'on risque?...

- Rien.

— Rien! — répéta Léonidas.

— Ça t'étonne?...

— Beaucoup. — Je n'ai jamais vu, jusqu'au jour d'aujourd'hui, gagner gros sans rien risquer...

— C'est pourtant comme ça!

— Explique-toi.

— Il ne s'agit que d'un détournement de mineure...

— Police correctionnelle — septième chambre — j'en ai tâté... — et tu disais que c'était pas grave!!...

— Je le disais z'et je le répète — quand les parents ne portent pas plainte, ça n'est rien...

— Et, dans l'affaire que tu me proposes?...

— Pas plus de plainte que sur ma main.

— Tu en es sûr?...

— J'en réponds.

— Alors, ça me va de plus en plus!...

— Vois-tu — continua Galimand — tu peux t'en rapporter à moi... — Maintenant je suis tranquille — je suis z'heureux — je ne veux plus faire que des affaires sûres — des opérations z'honnêtes! — Depuis que la correctionnelle m'a envoyé quinze mois à Poissy, j'en ai z'assez du pain du gouvernement et de la fabrication des chaussons de lisière. — Je me range et je te conseille d'en faire autant. — A nos âges, vois-tu, mon vieux, faut se dorlotter z'et vivre à la grande air!...

— Eh! je ne demande pas mieux, mais z'où veux-tu z'en venir?...

— A te faire faire fortune... — Connais-tu z'une ancienne à moi qui s'appelle madame Brancador?...

— Parbleure! — même qu'elle demeure dans la rue Mogador, et que les deux noms riment!...

— C'est çà.

— Eh bien?

— Eh bien, la Brancador m'a parlé de ta fille..

— C'te chance!! — elle la connaît donc?...

— Est que ça n'est pas son affaire de connaître toutes les belles filles qui sont dans la misère?... — Oh! elle s'entend proprement z'à lancer dans le monde celles qui ont confiance en elle!... — Autrefois elle s'est occupée de Paméla — mais z'au jour d'aujourd'hui ma fille z'est de force à z'en remontrer z'aux plus fines mouches!... Grâce à la Brancador, vois-tu, il y a dans Paris, à cette heure, pas mal de femmes qui roulent carrosse et qui sans elle traîneraient encore des savattes éculées dans la crotte!... — Oh! c'est z'une maîtresse femme, et qui s'entend bien aux z'affaires!!...

— Connu!... connu!... — répondit Léonidas en vidant son verre — et z'à présent je te vois venir, mon vieux Galimand, — mais ça n'empêche pas, — défile le reste du chapelet, j'écoute!...

Et les deux infâmes gredins trinquèrent joyeusement en signe d'entente cordiale et de parfaite sympathie.

FIN DU TROISIÈME VOLUME.

TABLE DES CHAPITRES.

TROISIÈME PARTIE (SUITE).
Nicole (suite).

		Pages
Chap. VI.	Paul et Nicole	3
— VII.	Les roueries d'un ingénu	25
— VIII.	Nuit bretonne	57

QUATRIÈME PARTIE.
Léontine le modèle.

Chap. I.	Chapitre ennuyeux et indispensable et qu'il faut lire jusqu'au bout.	79
— II.	Six heures du matin	99
— III.	Bonheur de se revoir	119
— IV.	Récit commencé	149
— V.	Le modèle	175
— VI.	L'armateur	205
— VII.	Les conditions	237
— VIII.	Une répétition en province	253
— IX.	Deux gredins	281
— X.	Deux gredins (suite)	305

FIN DE LA TABLE.

Fontainebleau. — Imp. de E. Jacquin.

NOUVEAUTÉS TERMINÉES.

MADEMOISELLE LA RUINE
Par *X. de Montépin et Capendu*, 5 vol.

LES DIABLES ROSES
Par *Adrien Robert*, 4 vol.

MONSIEUR DE BOISDHYVER
Par *Champfleury*, 4 vol.

Mademoiselle de Pons
Par la comtesse *Dash*, 3 vol.

LA MEILLEURE PART
Par *G. de la Landelle*, 4 vol.

UN CARNAVAL DE PARIS
Par *Méry*, 5 vol.

LES ŒUFS DE PAQUES
Par *Roger de Beauvoir*, 2 vol.

LE BONHOMME MAUREVERT
Par *le marquis de Foudras*, 2 volumes.

L'AMOUR A L'AVEUGLETTE
Par *Maximilien Perrin*, 2 vol.

QUINTIN LE FORGERON
Par *Charles Deslys*, 3 vol.

LA DERNIÈRE DES FÉES
Par *James*, 1 vol.

LA SYRÈNE
Par *Xavier de Montépin*, 2 vol.

ÉLIE
Par *Marcel Chassériau*, 2 vol.

Fontainebleau. — Imp. de E. Jacquin.

www.ingramcontent.com/pod-product-compliance
Lightning Source LLC
Chambersburg PA
CBHW060508170426
43199CB00011B/1371